对外汉语系列教材

汉语作为第二语言教学的理论与实践

孙 瑞 许光灿 编著

西安交通大学出版社
XI'AN JIAOTONG UNIVERSITY PRESS
国家一级出版社
全国百佳图书出版单位

图书在版编目(CIP)数据

汉语作为第二语言教学的理论与实践 / 孙瑞，许光灿编著. — 西安：西安交通大学出版社，2022.12
ISBN 978-7-5693-2050-3

Ⅰ. ①汉… Ⅱ. ①孙… ②许… Ⅲ. ①汉语-对外汉语教学-教学研究 Ⅳ. ①H195.3

中国版本图书馆 CIP 数据核字(2022)第 233756 号

书　　名 汉语作为第二语言教学的理论与实践
HANYU ZUOWEI DI-ER YUYAN JIAOXUE DE LILUN YU SHIJIAN
编　　著 孙　瑞　许光灿
责任编辑 李逢国
责任校对 郭　剑
封面设计 任加盟

出版发行 西安交通大学出版社
(西安市兴庆南路 1 号　邮政编码 710048)
网　　址 http://www.xjtupress.com
电　　话 (029)82668357　82667874(市场营销中心)
(029)82668315(总编办)
传　　真 (029)82668280
印　　刷 西安日报社印务中心

开　　本 787mm×1092mm　1/16　**印张** 11.125　**字数** 154 千字
版次印次 2022 年 12 月第 1 版　2022 年 12 月第 1 次印刷
书　　号 ISBN 978-7-5693-2050-3
定　　价 45.00 元

如发现印装质量问题，请与本社市场营销中心联系。
订购热线：(029)82665248　(029)82667874
投稿热线：(029)82664840
读者信箱：1905020073@qq.com

前言

一般而言，我们做任何事情，都需要采取一系列措施以实现特定的目标。研究汉语作为第二语言教学（Teaching Chinese as Second Language）亦是如此，需要围绕“采取什么教学措施，达成什么教学目标”这个核心议题展开。按照这一思路，我们将本书分为两大板块：一是目标板块，即汉语作为第二语言教学的目标是什么？它相当于一面旗帜，起到标识指引的作用。二是措施板块，即为了实现上述目标，我们应该采取哪些措施？这部分要讨论教学实践问题。而对于汉语作为第二语言教学的教学实践，可以从两个角度进行分析。第一个角度，将汉语作为第二语言教学看作是一套教学方法体系，分为三个层次：宏观层次——教学原则，中观层次——教学法（尤指教学法流派），微观层次——教学技巧。第二个角度，将汉语作为第二语言教学看作是一种教学活动，同样分为宏观、中观和微观三个层次：宏观层次——教学意识，中观层次——教学环节，微观层次——教学行为。

教学活动的三个层次与教学方法的三个层次之间大体上存在一一对应关系：首先，教学原则反映教学意识，教学意识表现为教学原则；其次，教学法（流派）很多时候体现为一定的教学模式，而教学模式实际上就是在一定的教学理念指导下形成的相对稳定的教学环节的组合，所以教学法和教学环节之间也有对应关系；最后，教学技巧都体现为教学行为，教学行为也都可以看作是广义上的教学技巧，因此二者亦有对应关系。这样，本书第二板块又分为两个部分：第一个部分为教学方法，第二个部分为教学活动。这两个部分都可以从宏观、中观和微观三个层面进行分析。

需要说明的是，为了让读者更深入地理解和认知汉语作为第二语言教学，我们在正式论述汉语作为第二语言教学的教学目标和教学实践之前，会专设一章回顾汉语作为第二语言教学的发展简史，以之作为后续论述的背景。

综上所述，本书将汉语作为第二语言教学发展简史和教学目标合并为“上篇”；把教学原则、教学模式和教学技巧部分设为“中篇”，介绍教学方法；把教学意识、教学环节和教学行为部分设为“下篇”，介绍教学活动。

由于时间有限，书中难免存在不足之处，欢迎读者多多指正。

编　者

2022 年 5 月

目　录

下篇 汉语作为第二语言教学的教学活动

上篇

汉语作为第二语言教学概述

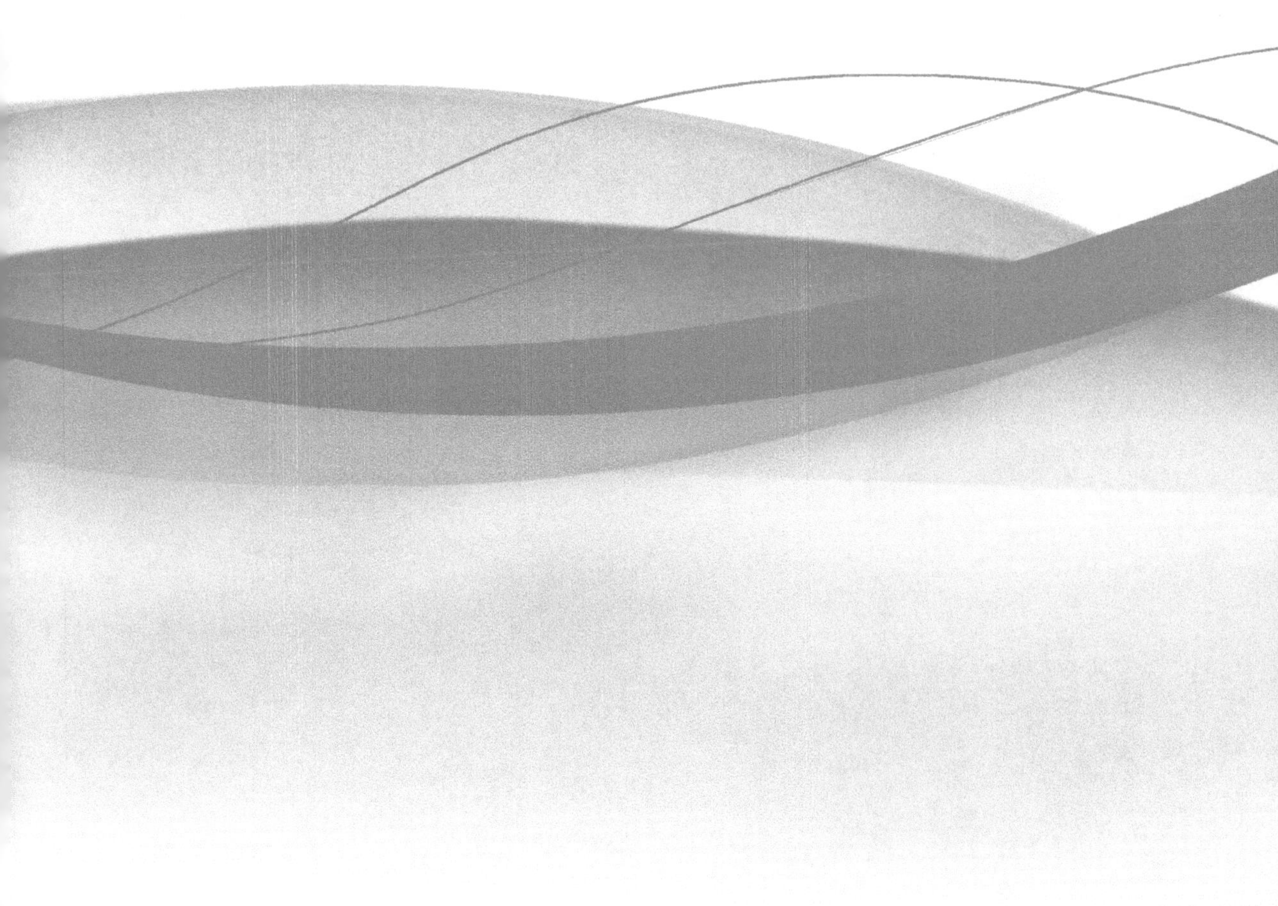

第一章　汉语作为第二语言教学的发展简史

“汉语作为第二语言教学”这一概念至少可以有三种理解：首先，它是一种教学活动；其次，它是一项事业；最后，它是一门学科。汉语作为第二语言的教学活动开始于古代；汉语作为第二语言教学是一项事业，是在中华人民共和国成立以后；而汉语作为第二语言教学成为一门学科，则只有三四十年的时间。

一、汉语作为第二语言教学的早期萌芽

现在学界一般认为，我国最早的、有明确证据的“汉语”作为第二语言教学实践大约可以追溯到秦汉时期①。公元前 214 年，秦始皇平定南越后设立象郡，中原人开始移居“瓯雒”地区②，汉语和汉字随之传入这一地区。在之后的两千多年里，汉语和汉文化对该地区及周边区域的语言文字和文化发展产生了深远的影响。到了唐代，我国的语言文化进一步向外传播。公元 754 年，高僧鉴真东渡日本，把中国文化带到了日本，促进了日本文字的形成和发展。日本也先后十余次向中国派出遣唐使，他们学成之后带回大量中国典籍，于是汉语言文字在日本得到了广泛传播。

此外，早在约 7 世纪，叙利亚教会就曾派遣传教士到中国传播景教；及至明清时期，入华传教的欧洲传教士（比如利玛窦等）规模更加庞大，中外文化交流也更加频繁。为了更好地翻译西方文献并向中国传教，来华传教士们大多积极学习汉语。面向来华传教士进行的汉语教学是我国古代汉语作为第

① 秦朝时期，汉族还没有形成，“汉语”这一称呼也没有出现，因此，当时的第二语言教学严格说来还不能称之为“‘汉语’作为第二语言教学”。我们在这里使用这一说法，只是为了称说方便。

② 大致在今越南北部地区。

二语言教学的一种重要形态。

民国时期，一些学者开始在国外从事汉语教学工作，比如赵元任曾在美国教授汉语，老舍曾在英国教授汉语等。这些都是著名学者参与汉语教学实践的真实案例。非著名学者参与汉语教学实践的案例应该更多，但已无从考证。

总之，汉语作为第二语言教学实践在我国古代就已经存在，并在中外文化交流中发挥了巨大作用。不过，整体而言，早期的汉语作为第二语言教学规模还是比较小的，真正大规模的汉语作为第二语言教学发生在 1949 年以后。1949 年前的汉语作为第二语言教学只是一种教学活动，还没有上升到国家事业的高度，更没有成为一门学科。

二、1949 年以后汉语作为第二语言教学的发展

1949 年以后的汉语作为第二语言教学大体上可以分为三个阶段：前对外汉语教学阶段、对外汉语教学阶段和国际中文教育阶段。前两个阶段主要面向来华留学生开展汉语教学，时间大体上是从 1949—2005 年；国际中文教育阶段大致开始于 2005 年[①]，在这一阶段，汉语作为第二语言教学的主要场所从国内转移到了国外。

（一）前对外汉语教学阶段（1949—1978 年）

20 世纪五六十年代，我国的汉语作为第二语言教学事业刚刚起步，教学实践活动缺乏理论指导，“对外汉语教学”这一称呼也还没有叫响，有些学者甚至用“对非汉族学生的汉语教学”来称呼汉语作为第二语言教学。我们将这一时期称为“前对外汉语教学阶段”，该阶段属于汉语作为第二语言教学的初始阶段。

1950—1951 年，来自波兰、捷克斯洛伐克、罗马尼亚、匈牙利等国的 33 名

① 标志是 2005 年 7 月，首届世界汉语大会在北京召开。

留学生进入清华大学中国语文专修班学习，拉开了我国汉语作为第二语言教学事业发展的大幕。该班由周培源教授（时任清华大学教务长）担任班主任；著名语言学家吕叔湘先生担任外籍留学生管理委员会主席，兼管专修班的业务工作；邓懿、李广田等学者也参与了这个班的教学或管理工作。1952 年，朱德熙等被派往海外任教。这些都为我国的汉语作为第二语言教学开了个很好的头。此后，北京大学、北京外国语学院相继参与到面向外国学生的汉语教学工作中。据统计，1950—1961 年，我国共接收来自 57 个国家的来华留学生 3215 人①。

20 世纪 60 年代，我国对外交流愈加频繁，扩大向国外派遣留学生和接受外国留学生的规模成为必然选择。为适应新形势发展的需要并加强对留学生的管理，我国于 1962 年成立了第一个专门的留学生教育机构——外国留学生高等预备学校。该校的成立意义重大，它使我国的汉语作为第二语言教学工作有了一个相对稳定的基地。1964 年，学校改名为北京语言学院②。

值得一提的是，20 世纪 50 年代，来华留学生主要集中在北京，北京之外的留学生很少；不过广西是个例外。1951 年，越南为了“为新解放区③培养大批急需干部和为胜利后重建国家准备科技人才”，与我国合作，在南宁创办了一所育才学校，附设中文学校，用以教授越南青少年中文。1953 年 9 月，越南留学生中国语文专修班于桂林开班，同年招收越南留学生共计 257 名。1954 年，在更名为桂林中国语文专修学校后，该机构不仅招收越南留学生，还接收了一批朝鲜留学生。

到了 20 世纪 60 年代中期，来华留学生规模突然大幅增长。1965 年夏，越南向我国派遣了一批规模达 2000 人的留学生。这些学生被分配到北京大学、北京师范大学、中国人民大学、南开大学、南京大学、复旦大学、武汉大学、吉林大学、杭州大学、西北大学等 23 所高校学习，我国参与留学生教育工作的

① 程裕祯. 新中国对外汉语教学发展史[M]. 北京：北京大学出版社，2005.

② 后又于 1996 年更名为北京语言文化大学，2002 年更名为北京语言大学。

③ 当时越南抗法战争即将胜利，这里说的“新解放区”是指越南的新解放区。

学校范围迅速扩大。“文革”开始以后，我国的汉语作为第二语言教学工作基本停滞。直到“文革”后期，相关工作才开始逐步恢复。

在汉语作为第二语言教学的初始阶段，我国招收的外国学生几乎全部来自社会主义阵营。这时候的汉语作为第二语言教学还未成为一门学科，更多的是一项教学活动和事关国际关系的重要事业。

需要说明的是，这一时期的汉语作为第二语言教学虽然还未上升为一门学科，但已经为学科化做了一些准备。在这个阶段，有几项开创性工作值得注意。

1.开始了汉语教师培训工作

1961年，高教部选拔了35名毕业生作为出国储备师资进行培训，至1964年共培养了4批。外国留学生高等预备学校成立后，与汉语作为第二语言教学相关的工作都逐步转移到这里。1965年，由于突然有大批越南学生来华留学，而各校没有相应的师资，所以北京语言学院面向全国开设了一期培训班，专门为各校培养汉语教师。这是我国首次开设全国性的对外汉语教师培训班。

2.开始了教材编写工作

因为教学需要，相关学校很早就开始编写汉语教材，其中最早正式出版的教材是《汉语教科书》。这套教材由北京大学外国留学生中国语文专修班编写，由时代出版社于1958年出版。该书把汉语作为第二语言教学从对本族人的汉语教学中分离出来，为后来的教材编写奠定了基础。尤值一提的是，编写者们在这套教材中建构了一套较为实用的汉语教学语法体系。在60多年后的今天，我们使用的汉语教学语法体系依然没有跳脱这一体系所确定的基本框架。

3.摸索提出了一些汉语教学方法和教学原则

1953年，周祖谟发表论文《教非汉族学生学习汉语的一些问题》，这是中华人民共和国成立以来第一篇全面讨论对非汉族学生进行汉语教学问题的重要论文。该论文总结了汉语教学的基本原则、教学目标、教学内容、教学过程、教学要点以及教学方法等重要问题，为本学科的发展做出了开创性的贡献，对后来的研究有着重要影响。

1965 年，钟棂在《十五年汉语教学总结》一文中特别提到了实践性原则，直接性原则，学以致用原则，“语文并进”、听说读写全面要求、阶段侧重原则等教学原则。这些原则的提出，特别是实践性原则的提出，标志着学界已经能比较准确地把握汉语作为第二语言教学的本质和规律，对日后学科理论的建构与发展意义重大。

此外，这一时期还进行了句型教学的试验，在语言技能训练方面进行了听说和读写两类课型分开教学的试验。

4. 出现了专业期刊和专业研究机构

1965 年下半年，我国第一个汉语作为第二语言教学的专业刊物——《外国留学生基础汉语教学通讯》问世。该刊物由北京语言学院创办，一共出版了 11 期。

1972 年 10 月，北京语言学院开始恢复办学。之后，为了加强教材建设和研究工作，学校成立了编辑研究部，这是我国第一个编写对外汉语教材和研究对外汉语教学的专门机构。

总体而言，在汉语作为第二语言教学的初始阶段，汉语教学理论匮乏，教学实践完全在经验指导下进行。

（二）对外汉语教学阶段（1978—2005 年）

1978 年，北京地区召开语言学科规划座谈会，吕必松在会上首次提出，对外汉语教学应“作为一个专门的学科来研究”，与会专家也一致认可这一观点。会后发表的《北京地区语言学科规划座谈会简况》中提道：“要把对外国人的汉语教学作为一个专门的学科来研究，成立专门的机构，培养专门的人才。”（《中国语文》1978 年第 1 期）。从此，汉语作为第二语言教学进入了一个新的时期。这一时期一般被认为是对外汉语教学学科快速发展并逐步成熟的时期。

1. 对外汉语教学学科的确立

吕必松提出对外汉语教学是一门学科以后，学界进行了一系列讨论，吕叔湘、朱德熙等有重要影响力的学者纷纷题词或发表讲话，认可对外汉语教学是一门学科。1984 年，时任教育部部长何东昌指出“对外汉语教学已发展成一门新的学科”，后来很多人认为，这是对外汉语教学成为一门学科的标志。

仅仅依据学者和政府官员的题词来判断对外汉语教学是一门学科，这是不科学的。判断一个学科是否已经形成，应主要考虑四个因素：第一，有没有专门的研究领域；第二，有没有形成系统的学科理论体系；第三，有没有专门的学术交流平台；第四，有没有一批专门的研究者。当然，有时还要参考一些其他因素，比如人们的认可度、标志性事件等。按照这些标准，我们认为，到 20 世纪 80 年代末、90 年代初的时候，对外汉语教学已经逐步发展成了一门学科。以下是详细论证。

(1)有了相对明确的研究领域

汉语作为第二语言教学研究从一开始就有比较明确的研究对象，那就是汉语作为第二语言教学理论与实践；其研究目标则是揭示汉语作为第二语言教学的特点与规律，以便更好地指导汉语作为第二语言教学实践。周祖谟、钟梫等学者在 20 世纪五六十年代所做的有关汉语作为第二语言教学的目标、原则等问题的讨论便属于这类研究。到了 20 世纪八九十年代，学界对汉语作为第二语言教学研究对象的认知更加清晰。学者们明确指出，汉语作为第二语言教学研究应围绕“教什么”“怎么教”和“如何学”展开，这实际上就是明确界定了汉语作为第二语言教学的研究范围；而吕必松、崔永华、刘珣、李泉等人有关对外汉语教学学科理论体系的论述[①]，则让学界对汉语作为第二语言教学的研究领域有了更深入的认知。学者们有关汉语作为第二语言教学研究领域的表述并不完全一致，但基本上都认可汉语作为第二语言教学有相对

① 李泉. 对外汉语教学的学科理论体系[J]. 海外华文教育，2002(2)：11 - 24.

明确的研究领域。

我们认为，汉语作为第二语言教学有相对明确的研究领域是汉语作为第二语言教学区别于其他学科的重要因素。

(2)有了专门的学术机构和学术阵地

1983 年，“中国高等教育学会对外汉语教学研究会”成立，它隶属于中国高等教育学会；之后，该研究会于 1988 年独立，更名为“中国对外汉语教学学会”。1987 年，“世界汉语教学学会”成立，该学会后来成为影响最大的汉语作为第二语言教学学会。1984 年 11 月，北京语言学院成立“语言教学研究所”，从此，我国有了专门的对外汉语教学研究机构。

1979 年，《语言教学与研究》改为正式出版的季刊①；1987 年，《世界汉语教学》转为世界汉语教学学会会刊。这两个刊物发表了一系列汉语作为第二语言教学领域的重要研究成果，在海内外产生了巨大影响。

1985 年 2 月，对外汉语教学的专业出版社——北京语言学院出版社成立，该社主要出版对外汉语教材、教辅材料和工具书；1986 年，华语教学出版社成立，该社出版的教材和有声教材主要面向外国人和海外华人华侨。可见，汉语作为第二语言教学的学术交流平台是越来越广阔了。

(3)有了一批研究者和重要的研究成果

20 世纪八九十年代，出现了一批专门或主要从事对外汉语教学研究的学者。北京语言学院的教师是主力，其中，不少人成为对外汉语教学发展史上有重要影响力的学者，比如王还、吕必松、鲁健骥、张占一、程棠等。学者们就对外汉语教学的理论与实践问题进行了深入讨论，形成了一系列重要研究成果。这其中，吕必松在 20 世纪 80 年代中后期和 90 年代初发表的一系列论文及后来结集成书的《对外汉语教学概论（讲义）》大体上构建了对外汉语教学学科的理论体系，为对外汉语教学发展成为一门学科做出了不可磨灭的重要贡献。

---

① 现在一般认为，1979 年是《语言教学与研究》正式创刊的时间。

(4)得到专家和学者们的认可

1983 年,学者们在筹备成立"中国教育学会对外汉语教学研究会"时正式提出了"对外汉语教学"的学科名称。中国教育学会在给该研究会成立大会的贺信中指出,"对外汉语教学已发展成为一个新的学科"。王力、朱德熙、林焘都对这一学科的成立给予正式的肯定①。

(5)设置了本学科的专业

有学者认为,"对外汉语"本科专业的设立应被视为"对外汉语教学"成为一个学科的标志②。1985 年,北京语言学院、北京外国语学院、上海外国语学院、华东师范大学四所大学设立了第一批四年制的对外汉语教学本科专业。1998 年"050103 * 对外汉语"(* 表示控制设置专业)进入教育部颁布的《普通高等学校本科专业目录》。1986 年,对外汉语教学方向的硕士研究生开始在北京大学和北京语言学院等院校招生。1999 年,北京语言文化大学设立了我国第一个对外汉语教学专业博士点③。

综上所述,汉语作为第二语言教学研究对象、研究目标的明确,理论体系的建构,学术阵地的拓展,研究学者和有分量的研究成果的不断涌现确立了汉语作为第二语言教学的学科地位,专家学者的肯定与本科专业的设置在形式上强化了汉语作为第二语言教学的学科存在。随着我国综合实力的不断增强,在本领域全体学者的不断努力下,汉语作为第二语言教学学科会发展得越来越好。

2. 对外汉语教学学科的发展

对外汉语教学学科自 20 世纪 80 年代被初步确立后,便进入了快速发展期。这一阶段对外汉语教学界的学者们开展了一系列研究,他们在该阶段取得的成果远胜于前一阶段。其中比较重要的成就至少包括以下几个方面。

---

① 刘珣.对外汉语教育学引论[M].北京:北京语言大学出版社,2012:48.

② 潘文国.论"对外汉语"的学科性[J].世界汉语教学 2004(1):11 - 19.

③ 李向农.对外汉语与汉语国际教育:专业与学科之辩[J].湖北大学学报(哲学社会科学版)2011(4):25.

(1)对文化教学研究有了突破

20 世纪 80 年代末、90 年代初，学者们对对外汉语教学中文化教学的地位问题进行了深入讨论，最后这场讨论以召开“对外汉语教学的定性、定位、定量问题座谈会”这一学术会议的方式结束。在这次会议上，学者们大致达成了一致意见：文化教学与语言教学密不可分，但对外汉语教学应以语言教学为主，文化教学处于从属地位。应该说，这些讨论对于深化我们对对外汉语教学学科性质和文化教学地位的认知有重要意义。不过，这并不意味着有关文化教学地位问题已经有了定论①。

在这场讨论中，张占一在《试议交际文化与知识文化》中将汉语教学的文化分为知识文化和交际文化两种类型②。这样的分类方法虽然尚存争议，但对学界和业界的影响巨大，今天我们在做相关研究时，依然无法忽视这一研究结论。

(2)第二语言习得研究不断发展

世界范围内的第二语言习得研究大体上经历了对比分析、偏误分析和中介语分析等三个阶段。汉语作为第二语言教学研究也基本上可以分为这三个阶段。

在对比分析领域，最有代表性的人物是王还。她从 20 世纪 50 年代便开始发表对比分析的文章；20 世纪 80 年代以后，她又陆续发表了一系列这方面(包括汉外对比和汉语内部相似词语或结构的对比)的文章，这让她的研究更加系统、深入，这些文章对后辈学者产生了深远影响。

在偏误分析领域，最早把偏误分析引入中国的学者是鲁健骥，他在 20 世纪 80 年代末、90 年代初发表了一系列偏误分析的文章，讨论来华留学生在汉语学习过程中出现的语音、词汇、语法、语用偏误问题，为后来的偏误分析树立了典范，产生了较大的影响。此外，李大忠的《外国人学汉语语法偏误分

① 关于文化教学在汉语作为第二语言教学中的地位问题，现在学界依然没有达成一致。
② 参见 1990 年张占一论文《试议交际文化与知识文化》。

析》也是这一时期有较大影响力的成果。

在中介语分析领域，把来华留学生的语言看作中介语系统进行分析大致开始于20世纪90年代，彼时学者们主要研究的是习得过程（特别是习得顺序）和习得过程的影响因素。刘珣、王建勤是较早参与相关研究的学者。

（3）教材编写理论研究持续深入

这一阶段，学界在教材编写的过程中总结出一条原则：结构-功能-文化相结合原则。虽然将这条原则彻底贯彻到实践中去并不容易（事实上，教材编写者们一直没能真正地将这条原则贯彻好），但该原则对教材编写实践的指导作用却是毋庸置疑的。这条原则也被认为是一条有中国特色的教材编写原则，是汉语作为第二语言教学界对世界第二语言教学的一项贡献。

（4）教学资源建设不断加强

首先，教材编写取得了较大的进步，一批有针对性、适用性较强、体现新教学方法的教材陆续问世，其中的一些教材被广泛使用，比如《实用汉语课本》《标准汉语教程》《汉语教程》等。

其次，人们开始有意识地编写各种大纲，比较重要的有《汉语水平等级标准和等级大纲》（试行，1988）、《汉语水平考试大纲（初、中等）》（1989）、《汉语水平词汇与汉字等级大纲》（1992）、《汉语水平考试大纲（高等）》（1995）、《汉语水平等级标准与语法等级大纲》（1996）、《中国汉语水平考试大纲（基础）》（1998）、《汉语词汇与汉字等级大纲》（2001）等。

此外，这一时期还出现了一些教学辅助用书和学习辅助用书，比如《现代汉语八百词》（吕叔湘）、《现代汉语学习词典》（孙全洲）、《汉语常用词用法词典》（李晓琪等）、《汉语8000词词典》（刘镰力）、《汉语水平考试词典》（邵敬敏）、《HSK词语用法详解》（黄南松等）等。

（5）学术平台持续建设

北京语言学院先后成立了几个语言研究所，其工作重心由以编写教材为主转向以研究工作为主。1992年，北京语言学院又成立了中华文化研究所。

20世纪90年代以后，对外汉语教学领域的国际性、全国性和地区性的学术研讨会、座谈会陆续召开，其中“语言学习理论研究座谈会”(1992)、“对外汉语教学定性、定量问题座谈会”(1994)和“语言教育问题座谈会”(1997)等都对对外汉语教学学科的发展产生了巨大影响。

在学术阵地方面，除《语言教学与研究》和《世界汉语教学》外，北京语言学院于1993年又创办了《中国文化研究》杂志。此外，在学界有重要影响的《语言文字应用》《汉语学习》等刊物都经常发表对外汉语教学研究方面的文章，很多大学学报也不定期地出版对外汉语教学专刊。这种趋势在进入21世纪以后得到进一步加强。比如：《云南师范大学学报》于2003年增设了“对外汉语教学与研究版”，刊登高质量的研究成果；南开大学、北京大学、中国人民大学、北京语言学院等院校出版了一系列对外汉语教学研究专刊。

3.对外汉语教学事业的蓬勃发展

虽然对外汉语教学已经升级为一门学科，但作为国家和民族的事业，对外汉语教学仍然为祖国建设发挥了重要作用。1988年，在第一次全国对外汉语教学工作会议上，学界首次提出“对外汉语教学是国家和民族的事业”的口号，随后被广泛接受。本阶段对外汉语教学事业仍然保持着蓬勃发展的势头。

(1)成立专门的领导机构

对外汉语教学与教育、文化、出版、侨务、外交等领域或互补合作，或齐头并进，有着千丝万缕的联系。为了使迅猛发展的对外汉语教学事业能在统一领导和有序协调下获得更加旺盛的生命力，1987年7月，经国务院批准，国家对外汉语教学领导小组成立。该机构承担领导和协调全国对外汉语教学工作的专门责任。此后，我国对外汉语教学事业的发展变得更加有计划性和组织性。

(2)加强对外汉语教师的培养和培训

随着对外汉语教学的发展，人们逐渐认识到，对外汉语教师只有受过专门的培训，才能形成合理的知识能力结构。1983年，教育部批准北京语言学院开设“对外汉语教学”专业，该专业主要目标是培养对外汉语教师，因此需要根据对外汉语教师知识能力结构的要求来设计课程。1986 年，北京大学和北京语言学院开始招收对外汉语教学方向的硕士研究生；后来，又有其他院校陆续加入进来。这样一来，对外汉语教师的来源和素质都得到了初步保证。20 世纪 90 年代以后，我国逐渐建立起了从本科到研究生（硕士、博士）的完整的对外汉语教学学历教育体系，为对外汉语教育师资培养提供了更专业的保障。此外，为保证教师培训工作能够长期进行，北京语言学院从 1987 年起每年开设数期教师培训班，专门培育对外汉语教师。值得一提的是，1992 年起，国家开始组织对外汉语教师资格证考试①，审定对外汉语教师资格。这些措施提高了教师素质，推动了教师队伍发展。

（3）加强教材编写工作

作为对外汉语教学事业的一项重要内容，教材建设工作受到了教育主管部门、相关院校和广大对外汉语教学工作者的普遍重视。1986 年 10 月，新成立的全国对外汉语教学教材研究小组开始对中华人民共和国成立以来编撰的对外汉语教材进行全面研究，并于 1987 年 1 月形成研究报告，建议制定对外汉语教材发展规划。同年，国家开始拨专款资助对外汉语教材建设。

（4）进一步支持国外的汉语教育

为支持国外的汉语教育，我国政府除了向国外派遣汉语教师和赠送汉语教材以外，还在国外开设了汉语教学点。1988 年，我国在非洲国家毛里求斯开办了“中国文化中心”，该中心是我国在海外开设的首个汉语教学点，对我国在海外发展汉语教学有着重要的意义。

（5）汉语水平考试（HSK）开考

1990 年，汉语水平考试正式在国内推广，1991 年推向海外。1992 年 9 月，中国国家教育委员会颁布了《中国汉语水平考试（HSK）办法》，汉语水平考试正式升级为国家汉语水平考试委员会主持的国家级考试。

---

① 该考试于 2005 年后中断了几年；后又恢复，但形式发生了变化。

(三)国际中文教育阶段(2005年至今)

1.术语之辩

从2005年开始,汉语作为第二语言教学进入新时期。这一时期关于汉语作为第二语言教学的称呼,曾出现过四种不同的说法:“汉语国际推广”“汉语国际教育”“汉语国际传播”和“国际中文教育”。

“汉语国际推广”这一术语是伴随着汉语作为第二语言教学事业的转型提出来的,提出的时间较早。当时汉语作为第二语言教学事业需要统一共识、明确战略,因而该术语有其可取之处。然而“推广”一词的使用,容易让其他国家产生负面联想,所以经过几年讨论之后,学界一般都不再使用这一术语。

“汉语国际教育”和“汉语国际传播”这两个术语曾在一段时间内有过激烈的竞争。有的学者认为新时期的汉语作为第二语言教学事业本质上还是教育活动,因此倾向于使用“汉语国际教育”这个术语;而有的学者则更愿意将其看作是一种语言传播活动,因此更偏爱“汉语国际传播”,有的学者还专门撰写论文来论证选择这一术语的合理性。“汉语国际教育”和“汉语国际传播”之争一直持续到2012年。2012年,国务院学位委员会将原对外汉语专业更名为“汉语国际教育”,至此,学界对相关术语的讨论才随之告一段落。

“国际中文教育”这一术语是2019年、2020年前后提出的最新说法①。将“汉语”改为“中文”主要是因为“汉语”容易让人误以为其仅为“汉民族所使用的语言”,而“中文”则更能凸显其作为中国通用语的地位。

故本书采用最新通用的“国际中文教育”这一术语。

2.汉语作为第二语言教学进入国际中文教育阶段的时代背景

汉语作为第二语言教学从对外汉语教学阶段过渡到国际中文教育阶段

---

① 国务院学位委员会办公室于2021年12月10日下发《关于对〈博士、硕士学位授予和人才培养学科专业目录〉及其管理办法征求意见的函》,拟将“汉语国际教育”专业更名为“国际中文教育”专业。截至2022年1月31日,正式更名的文件尚未下发。

有三个背景：一是世纪之交的世界，各文化、文明冲突不断。20世纪90年代，美国学者亨廷顿出版了《文明冲突论》一书。该书认为，不同文明间必然发生冲突，其中儒家文明与基督教文明之间的冲突是难以调和的。这一观点影响极大且后果严重，国际各种冲突都被冠以文明冲突来理解，这种理论事实上也为一些国家发动对其他国家的攻击提供了理论依据。对于这样的观点，我们不能不有所反应[①]。二是文化对外传播的需要。美国学者约瑟夫·奈提出"文化软实力"的概念，世界各国都开始认识到，文化也是国家综合实力的一部分，因此应该重视文化的对外传播。三是中国与世界各国交流的需要。经过改革开放几十年的快速发展，我国的综合国力迅速提升，越来越多的国外人士希望了解中国和中国文化；我国也希望与世界不同的文化进行相互交流。正是在这样的背景下，一些有识之士审时度势，明确指出：我们应该主动走出国门，为世界各国人民提供中国语言文化服务，同时促进不同文明之间的交流与合作，从而维护世界和平。

2005年，首届世界汉语大会在人民大会堂召开，会上国家汉办提出了"六大转变"：发展战略从对外汉语教学向全方位的汉语国际推广转变；工作重心从将外国人"请进来"学习汉语向汉语加快"走出去"转变；推广理念从专业汉语教学向大众化、普及型、应用型转变；推广机制从教育系统内推进向系统内外、政府民间、国内国外共同推进转变；推广模式从政府行政主导为主向政府推动的市场运作转变；教学方法从纸质教材面授为主向充分利用现代信息技术、多媒体网络教学为主转变。许琳认为这次大会是对外汉语教学的转折点，它标志着中国对外汉语教学向汉语国际推广（国际中文教育）的转变[②]。汉语作为第二语言教学从此进入了新阶段。

3. 国际中文教育阶段的学科发展

与前一阶段的研究相比，这一阶段的研究有一个比较显著的变化，那就

① 当时有学者提出，我们要用中外语言文化交流的史实来证明不同文明间并不一定会产生冲突，还可能会促进不同文明间的互学互鉴。国际中文教育的目的在于促进不同文明间的互学互鉴。

② 许琳.在第九届国际汉语教学研讨会开幕式上的讲话[C]//世界汉语教学学会.第九届国际汉语教学研讨会论文选，2008：22。

是在宏观的学科理论研究基础上，更加关注海外中文教学中遇到的现实问题，特别是“三教”（教师、教材、教法）问题和孔子学院建设与评估等问题。

（1）学科理论的宏观研究

与对外汉语教学相比，国际中文教育的学科理论体系已经明显变化。学者们对国际中文教育的学科理论体系进行了系统研究，发表了一系列成果，比较重要的如吴应辉的《汉语国际传播研究理论与方法》等。《国际汉语教学研究》编辑部也曾组织学者们就国际中文教育学科建设问题进行讨论，相关成果发表于《国际汉语教学研究》杂志上。此外，崔希亮的《关于汉语国际教育的学科定位问题》、李向农和贾益民的《对外汉语与汉语国际教育：专业与学科之辨》也是讨论国际中文教育学科理论的重要文献。

值得一提的是，2006 年商务印书馆出版了一套 22 本的《对外汉语教学专题研究书系》，该书系收录了此前几十年里最具代表性的对外汉语教学领域的研究文献，反映了前一阶段学科理论研究的主要成果。2019 年，商务印书馆又出版了该书系的第二辑，是对最近十几年国际中文教育重要研究成果的重新梳理。这些研究让汉语作为第二语言教学的学科理论体系得到不断完善。

（2）国际中文师资培养

伴随着世界范围内国际中文教育的开展，出现了大面积的汉语教师空缺。为此，业界花了大量精力培养汉语教师；学界也就国际中文师资培养问题进行了系统、深入的讨论。为推动国际中文师资培养工作，学界召开了多次国际中文师资培养论坛，其中最具影响力的是北京师范大学和华东师范大学多次组织的“全国汉语国际教育人才培养论坛暨专业硕士培养工作研讨会”，会后出版了多辑《国际汉语教育人才培养论丛》。

（3）国际中文教材编写

在国际中文教育阶段，学界和业界都高度重视教材的编写工作。中山大学、对外经济贸易大学相继成立了对外汉语教材或教学资源的研发基地；

北京语言大学更是依托北京语言大学出版社组织了一批学者从事教材研究和编写工作;一系列研究教材编写的文章先后发表在各种刊物上。这一阶段还特别强调国别化、本土化教材的编写和研究,学者们一方面改编国内优秀教材,另一方面又组织中外专家重新编写专门适合特定国家学生使用的教材。

(4)教学方法探讨

在国际中文教育阶段,教学法研究也取得了长足进步,各种教学模式,比如合作学习模式、任务型教学法、翻转课堂教学模式、产出导向法等新教学模式被提出并被广泛应用。语音教学、词汇教学、语法教学、篇章教学的方法和技巧也被深入讨论。

4.国际中文教育阶段的事业发展

21世纪,随着“汉语国际推广”概念的提出,汉语作为第二语言教学(包括在海外进行的汉语教学)被纳入中国文化“走出去”的大框架之中,肩负起促进中外文化交流的重任。

(1)孔子学院建设

2004年11月,首家孔子学院在韩国首尔挂牌成立,截至2020年12月,全球已有162个国家(地区)设立了541所孔子学院和1170个孔子课堂①。这些孔子学院(含孔子课堂)成为中外“文化交流的综合平台”。

(2)师资培养

2007年5月,国务院学位委员会办公室下发通知,批准北京大学、北京师范大学、中国人民大学等24所高校试点开展汉语国际教育硕士专业学位教育工作。此后,国务院学位委员会又相继批准几十所高校设立汉语国际教育专业硕士学位点。截至2021年,全国有近200所高校拥有汉语国际教育专业硕士生的培养资格。2018年起,国家批准了北京师范大学、华东师范大学等院

① 参见中华人民共和国中央人民政府网,网址为http://www.gov.cn/xinwen/2019-12/10/content_5460144.htm。

校招收汉语国际教育专业的博士生[①]。需要说明的是,汉语国际教育专业的硕士生和博士生毕业时拿到的学位都是教育学学位,而不是文学学位。

(3)教材编写

国际中文教育阶段,教材编写事业蓬勃发展,突出体现在三个方面:一是新编写教材种类呈几何级增长;二是出现了一些影响较大的教材,比如《新实用汉语课本》《博雅汉语》《发展汉语》《长城汉语》《体验汉语》等;三是国别化、本土化教材迅速兴起。

(4)"汉语桥"大赛

国家汉办自 2002 年起每年组织一次"汉语桥"中文比赛。截至 2020 年,该比赛已成功组织 18 届,成为连接中国和世界各国人民特别是青少年的友谊之桥。目前"汉语桥"已成为汉语国际推广中一个亮眼的品牌。

(5)新 HSK 考试

2009 年,国家汉办推出了新的汉语水平考试(HSK)。新 HSK 考试方案是在借鉴原 HSK 的优点并参考国际语言测试的最新研究成果(特别是欧洲语言共同参考框架(CEF))的基础上制订的。目前,新 HSK 成为留学生进入中国学习的重要"敲门砖",受到广泛关注。

本章小结

我国汉语作为第二语言教学事业,从最初的"对非汉族人的汉语教学"到比较成熟的"对外汉语教学",再到"国际中文教育"的蓬勃发展,走过了 70 多个年头,经历了从无到有、从最初起步到发展壮大的过程。在我国政府的大力支持和无数汉语作为第二语言教学工作者的辛勤努力下,这一学科终于逐

① 1999 年起北京语言大学开始招收对外汉语教学方向的学术型博士生;2018 年起北京师范大学等高校开始招收汉语国际教育专业的专业型博士生。二者人才培养规格有相通之处,也有显著差异:前者攻读的是文学博士学位(学术型);后者攻读的是教育学博士学位(专业型)。

渐走向成熟，并为社会培养出了大量国际中文教育人才。虽然今后的国际中文教育工作仍会有一些困难和曲折，但只要我们能够抓住机遇，不断自我完善，就一定能够在国际中文教育的道路上走得更加自信、稳健。

第二章　汉语作为第二语言教学的教学目标

教学目标和教学目的是一组容易混淆的概念。它们的区别至少包括两个方面：第一，教学目的往往是相对抽象、隐性的，而教学目标常常跟具体的教学行为相关联，通常是显性的、可以量化的、能够评价的；第二，教学目的一般是从教师角度讲的，体现为培养学生什么、教会学生什么，常见的表述形式是“培养……”“教会……”，教学目标是从学生角度讲的，体现为掌握什么、学会什么，常见的表述方式是“掌握……”“理解……”“学会……”。

关于汉语作为第二语言教学的教学目的，学界有不少研究。到目前为止，有关汉语作为第二语言教学教学目的的说法主要有四种：一是培养学生汉语听、说、读、写、译的技能（即培养汉语语言技能）；二是培养学生的汉语能力；三是培养学生运用汉语进行交际的能力；四是培养学生运用汉语进行跨文化交际的能力。为了便于表述，我们把四种观点分别简单概括为语言技能说、语言能力说、语言交际能力说、跨文化交际能力说。

但是，讨论汉语作为第二语言教学教学目标的成果却比较少。到目前为止，明确以“对外汉语教学教学目标”“汉语作为第二语言教学教学目标”“汉语国际教育教学目标”“国际中文教育教学目标”为关键词，讨论汉语作为第二语言教学教学目标的研究人员仅有姜丽萍、郭风岚和崔永华等少数几位学者。姜丽萍指出，“对外汉语教学目标的编写应该从认知领域、技能领域、情感领域和学习策略四个方面来考虑，应该以学生的行为变化作为检验目标的标准”。郭风岚认为，对外汉语教学目标包括多个层次，其中总目标应该是“培养跨文化交际能力”。崔永华在回顾前人研究成果的基础上再次确认“对外汉语教学的目标是培养汉语跨文化交际能力”。不难发现，学者们实际上并没有有效区分汉语作为第二语言教学教学目标和汉语作为第二语言教学教学目的。

显然，教学目标和教学目的关系密切(尤其是在谈论总体教学目标而不是在谈论具体教学目标的时候)；但是，教学目标和教学目的又存在明显不同的表述方式。鉴于前人有关汉语作为第二语言教学教学目的的相关论述，本书将学界有关汉语作为第二语言教学教学目标的观点概括为以下四种。

一、形成汉语语言技能

"技能"(skill)指"掌握和运用专门技术的能力"[①]。技能要靠后天学习，可以按照一定的标准进行测量。有些技能经过测量后可以获得相应的证书，比如建造师证、导游资格证、全国计算机等级考试证书等。

"语言技能"通常指听、说、读、写、译的技能。这些技能的形成也依赖于后天的学习，具有可测量性，可以通过一定的手段测量出来。"语言技能"也叫"言语技能"。这一说法暗示了语言和言语的密切联系。索绪尔(Saussure)最早把语言(language)和言语(parole)区分开来。他认为，语言是一套符号系统，是对言语的概括和抽象，一般指语音、词汇、语法的规则系统；言语是对语言的应用，是人们实际说出来的话语。这一区分提示我们，掌握抽象的语言，必须通过具体的言语练习来实现。因此，语言教学不能只是讲解抽象的语言规则，还要强调具体的言语练习。同时，这一区分还提示我们，应当把"活"的语言教给学生，编写教材时也要尽量使用当代通用的语言，避免使用无用的过时的语言。

汉语作为第二语言教学注重对学生语言技能的训练，这和结构主义语言学及行为主义心理学的观点有内在的联系。按行为主义心理学的观点，学习一种语言就是培养一种习惯，需要大量的刺激。而结构主义语言学家布龙菲尔德(Bloomfield)则用"刺激-反应论"来解释语言生成和理解的过程。"刺激-反应论"对第二语言教学产生了巨大的影响，在该理论的指引下，我们常在

① 参见《现代汉语词典》(第七版)。

语言教学过程中强调“刺激”和“重复”的重要性。“语言是练会的，不是教师教会的，所以教师讲的要少，学生练的要多，一般来说，综合课上学生的练习时间不能少于60%；口语课上学生的练习时间不能少于70%”[①]，语言是一项技能，不同于一般的课堂，语言课上提高学生的开口率非常重要。近年来，有很多学者研究提高学生课堂开口率的办法。比如，有学者研究发现，“翻转课堂”教学模式是一种可以保证学生课堂参与率的教学模式[②]。

语言技能说的合理性不仅在于其有一定的语言学基础，更在于它在实践中能够得到比较充分的证明。20世纪五六十年代，我国以形成听、说、读、写四种语言技能为汉语教学的教学目标。关于这一点，周祖谟在《教非汉族学生学习汉语的一些问题》中有详细的论述。他说：“学习一种语言要达到能够应用的目的，也是要有一定的基础的。根据一般的要求来看，能做日常生活会话，能听政治报告，能读懂《中国青年报》《人民日报》和浅近的读物，能写简短的叙事文和学习笔记，都是很必要的。这就是很具体的目标，也是学习汉语要达到的水平……”[③]这一观点在当时接受度很高。李培元后来总结道：“50年代[④]的汉语教学，教学对象是已经成年的外国留学生；教学目的是在一年或二年的时间内，培养他们掌握汉语技能，使他们能在中国的大学学习和生活；他们在中国学习汉语有最优越的语言环境。这就是说，从20世纪50年代起，汉语教学就是在目的语的环境中，培养学生具有一定的言语能力。”[⑤]总之，语言技能说有其合理性。然而，该学说也存在明显的不足。

首先，该主张对“刺激-反应”以及“活”语言的过分执着，反映了其对语言本质认识的不足。语言的本质不仅体现于言语结果（即话语）中，还体现于言语产出的机制——人的语言能力（这里说的语言能力，指内化了的语言规则

① 杨惠元．课堂教学理论与实践[M]．北京：北京语言大学出版社，2007：87．

② 孙瑞，孟瑞森，文萱．“翻转课堂”教学模式在对外汉语教学中的应用[J]．语言教学与研究，2015(3)：34－39．

③ 周祖谟．教非汉族学生学习汉语的一些问题[J]．中国语文，1953(13)：25．

④ 指20世纪50年代，后同。

⑤ 李培元．五六十年代对外汉语教学的主要特点[C]//第二届国际汉语教学讨论会组织委员会．第二届国际汉语教学讨论会论文选．北京：北京语言学院出版社，1988．

体系)中。只对有限的实际话语(语言表现)进行结构分析,往往会忽视语言的生成性和创造性。若忽视语言的生成性和创造性,一味地强调机械训练,则是对人类潜能的巨大浪费——这一点对于成人第二语言学习来说尤其如此。从本质上说,忽视语言的生成性和创造性,就是将人类的语言学习与动物的生存技能学习等量齐观,是犯了机械主义错误。从这个角度来看,语言技能说是有很大缺陷的。

其次,从学习者的角度来看,语言技能说没有充分考虑学习者的生理、心理机制。语言技能说指导下的语言教学往往依赖大量的机械训练,会使学习者感到枯燥乏味,产生厌学情绪,影响学习者学习的积极性和主动性。

总之,语言技能说虽然有一定的合理性,也有一定的实践价值,但其理论缺陷十分明显,并不是汉语作为第二语言教学教学目标的最佳学说。

二、形成汉语语言能力

乔姆斯基(Chomsky)指出,应区分“语言能力”(linguistic competence)和“语言表现”(linguistic performance)。前者指内化了的语言规则系统,涵盖语音、词汇、语法等多个方面的语言知识;后者指语言能力的实际运用,即人们实际说出来的话语。在乔姆斯基之前,学界盛行的理论是行为主义的刺激-反应论,即认为语言习得是人受到语言刺激并做出反应的结果。但乔姆斯基发现,人可以说出从未听过的话语。也就是说,语言刺激和语言反应(语言表达)之间并不存在简单的对应关系,于是他提出了“刺激贫乏说”。他认为,人具有语言能力,语言能力能帮助人们创造性地使用语言。在乔姆斯基理论的启示下,学者们提出,语言教学的目标是形成语言能力,这就是所谓的语言能力说。显然,语言能力说与语言技能说存在不同:后者建立在行为主义心理学基础之上,而前者则建立在认知主义心理学基础之上。认知主义心理学强调人脑中认知结构的作用,该学派认为,教学应致力于帮助学习者习得知识,并将其内化为学习者的认知结构①。这一发现对语言学、语言教学及教育学都产生了深远的影响。受这一观点启发，学者们创立了一种叫作"认知法"的语言教学法。该方法强调以学生为中心，充分发挥学生的学习潜力，引导学生通过自学来发现和掌握语言规则，并在此基础上进行有意义的听、说、读、写全面训练，进而使语言规则逐渐内化为学生的语言能力。语言能力说强调人的认知能力，较好地弥补了语言技能说的不足，其"发现学习"理论和"有意义学习"的观点更是把学习看作是学习者主动观察、发现、感知、理解、记忆的过程，有重要的理论意义和实践价值。

然而，语言能力说仍然不够全面：因为语言终究是要在实际语境中使用的，所以即使具备了语言能力，也未必能够准确地表情达意。例如，笔者②的课堂上曾发生过这样一个真实的案例：一名美国中年男性留学生认为一位越南女性留学生汉语学得很好，想称赞她，于是说："××，我看上你了。"从语法的角度看，这个句子并没有什么问题，但用在这个场合却很不合适。这说明，学生只掌握语言能力还不能保证他们可以进行合理的语言交际。此类案例提示我们，培养学生在具体场合中合理使用语言的能力十分重要。

三、形成汉语交际能力

"语言交际能力"是美国学者海姆斯（Hymes）于 1976 年提出的概念③。他认为，语言交际能力有四个参数：可能性程度（degree of possibility）、可行性程度（degree of feasibility）、合适性程度（degree of appropriateness）、表现程度（degree of performance）。语言交际能力概念提出以后，在学界产生了重大影响。但与乔姆斯基的"语言能力"概念一样，海姆斯的"交际能力"概念也是相对于本族语者而言的，并不完全等同于外语教学中的"交际能力"概念。

---

① 张建伟，陈琦．从认知主义到建构主义[J]．北京师范大学学报（社会科学版），1996(4)：75－82．

② 若无特别说明，本书中的"笔者"指本书的第一作者。

③ 本节多处引用了本书第一作者发表于《伊犁教育学院学报》上的文章——《交际能力理论与对外汉语口语教学》。

1980年，卡纳尔(Canale)和斯温(Swain)提出了直接指导教学的语言交际模式。他们认为交际能力有四种：首先，语法能力(grammatical competence)，或称语言能力(linguistic competence)，基本等同于乔姆斯基所说的语言能力；其次，社会语言学能力(sociolinguistic competence)，即根据社会环境恰当使用语言的能力；再次，语篇能力(discourse competence)，包括协调语言表达中逻辑联系的能力以及使语句通顺的能力；最后，策略能力(strategic competence)，即使用语言或非语言手段克服交际障碍的能力。到了20世纪90年代中期，巴克曼(Bachman)和帕尔默(Palmer)又提出了一个更加立体、丰满的交际能力模型，他们将交际能力分为语言知识、策略能力和生理心理机制三个维度。语言知识包括结构知识和语用知识两个方面。结构知识指有关语言结构(包括关于语音、词汇、语法和语篇的结构)的知识。语用知识指在具体语境下合理、恰当使用语言所需要具备的知识。策略能力是运用语言知识的心理能力，包括目标确定(goal setting)能力、估计衡量(assessment)能力和策划实施(planning)能力。生理心理机制是与人的语言交际能力相关的生理和心理基础。从某种程度上说，关注到语言交际能力的生理、心理基础是巴克曼和帕尔默的一个创新，因为他们的理论提醒人们，在培养学生语言交际能力的过程中必须充分考虑学生的生理和心理特点①。

需要说明的是，语言交际能力是包含了语言技能和语言能力的，它在继承的基础上强调在实际语境中使用语言进行交际的能力，因此语言交际能力说与前两种学说相比更为完整、全面。

确定教学目标不仅要依据一定的语言学理论和心理学理论，还要符合社会的需求。当前世界不同地区出现了引人关注的“汉语热”。之所以会出现“汉语热”，是因为我国综合国力增强了，国际地位提高了，世界想了解中国，希望与我们交往。在这个过程中，绝大部分汉语学习者是把汉语作为一种交际工具来学习的。从这个角度来说，我们也应该将汉语作为第二语言教学的教学目标设定为形成运用汉语进行交际的能力。

---

① 孙瑞.交际能力理论与对外汉语口语教学[J].伊犁教育学院学报，2004(3)：124－127.

总之，交际能力说是一种既符合语言学理论，又符合社会需求的学说，极具科学性。

四、形成运用汉语进行跨文化交际的能力

语言与文化密切相关：语言是文化的一部分，同时又是文化的承载工具。文化的发展、文明的创造都离不开语言的参与：没有语言，人类甚至无法高效地交际，更遑论有效地传承、传播文化了。语言和文化之间的关系如此紧密，以至于我们无法忽视这样一个事实：学习一种语言，就必须同时学习这种语言背后的文化，否则就不算是真正地掌握了这种语言。因此，语言教学中必然包含有文化教学的内容。一般而言，文化教学的内容主要包括：语言文化要素、基本国情和文化背景知识、专门性文化知识等。其中语言的文化要素[①]和语言教学的关系最为紧密。

正是因为语言和文化的关系如此密切，所以，一些学者就提出，第二语言教学的教学目标应该是“形成运用第二语言进行跨文化交际的能力”。这一观点的提出，旨在强调第二语言教学中应重视目的语文化的教学。我们认为，这一初衷是值得肯定的；然而，由于第二语言学习者运用第二语言进行的交际基本上都是跨文化交际，所以“形成运用第二语言进行交际的能力”实际上就是“形成运用第二语言进行跨文化交际的能力”，也就是说，二者在本质上是一致的。也因此，我们认为，把汉语作为第二语言教学的教学目标确定为“形成运用汉语进行跨文化交际的能力”与“形成运用汉语进行交际的能力”本质上并没有太大的差别。

一般而言，确定语言教学的教学目标，既要基于一定的理论，又要充分考虑社会的人才培养需求。几十年来，学界有关汉语作为第二语言教学教学目标的观点经历了一个不断发展的过程，并受到不同阶段的语言学潮及心理学

① 即上一章中提到的交际文化。

理论的影响[①]。但同时，现实的社会需求也会对汉语作为第二语言教学教学目标的设定产生影响。从某种意义上说，社会需求是汉语作为第二语言教学教学目标设定的直接推动力。因为有什么样的社会需求，就会有什么样的教学目标。

综上所述，我们认为，把“形成运用汉语进行交际的能力”确定为第二语言教学的教学目标的观点是合理的，也是应该坚持下去的。

本章小结

语言学大致经历了四个发展阶段：历史比较语言学、结构主义语言学、转换生成语法、功能主义语言学。每一波语言学思潮，都会对第二语言教学产生很大的影响。语言技能说、语言能力说、语言交际能力说和跨文化交际能力说受结构主义语言学、转换生成语法和功能主义语言学等学说的影响。以上几个阶段又分别对应于行为主义、认知主义、建构主义等三个阶段。这三种心理学理论不仅对语言学产生了深远的影响，也对汉语作为第二语言教学产生了很大的影响。

① 语言交际能力说和跨文化交际能力说的语言学基础是功能主义语言学，心理学基础是建构主义。

中篇

汉语作为第二语言教学的教学方法

第三章　汉语作为第二语言教学的教学原则

一、汉语作为第二语言教学教学原则的界定

（一）教学原则的定义

与“规则”相比，原则更加基础、抽象、宏观。教学原则是从一定的教学目标出发，在教学实践的基础上，根据对教学过程客观规律的认识而制定的指导教学工作的基本要求①。教学原则作用面广，它既指导教师的“教”，也指导学生的“学”，贯彻于教学过程的始终。

（二）汉语作为第二语言教学教学原则的定义

各类教学实践中通用的教学原则也适用于汉语作为第二语言教学的教学实践，但汉语作为第二语言教学还需要结合本学科的实际，创造性地加以运用，形成本学科独有的教学原则。汉语作为第二语言教学教学原则是人们从汉语作为第二语言教学实际出发，着眼于汉语作为第二语言教学的教学目标，在汉语作为第二语言教学实践的基础上，综合考虑汉语语言规律、汉语学习规律和汉语教学规律而制定出来的、指导整个汉语作为第二语言教学过程及全部教学活动的原则。汉语作为第二语言教学的教学原则是汉语作为第二语言教学方法体系的灵魂②。

---

① 刘珣.对外汉语教育学引论[M].北京：北京语言大学出版社，2012：94.

② 刘珣.对外汉语教育学引论[M].北京：北京语言大学出版社，2012：302－303.

二、确立汉语作为第二语言教学教学原则的指导思想

教学原则不是凭空想象出来的，而是在一定理论指导下从实践中总结出来的。那么，确立教学原则的指导思想或依据究竟是什么呢？学者们曾做过一些研究。王策三在《教学论稿》中讨论了教学原则的出发点（教育教学目标）、源流（教学实践经验是源，教育思想是流）和关键（分析教学中的矛盾关系）等三个方面的问题。吴立岗在《教学原理模式和活动》中提到四点依据：教学实践经验、教育教学目标、教学规律、现代科学的理论基础。

另外，刘珣在《试论汉语作为第二语言教学的基本原则——兼论海内外汉语教学的学科建设》中认为，确立汉语作为第二语言教学教学原则的依据有四条：①从相邻学科中汲取理论营养；②正确处理其他人文科学的教学与第二语言教学的关系；③要研究第二语言教学的共同规律，更要研究汉语教学的特殊规律；④从学习者的实际出发，根据不同的教学目标灵活运用教学原则[①]。李泉在《对外汉语教学理论思考》中认为：①总教学原则的制订应着眼于影响教学工作和教学活动全局的因素（例如，学科根本着眼点的选取、学科的性质和特点、教育教学目标的体现、教学路子的走向等）；②分教学原则的制订应符合并落实总则的要求，同时也应考虑分原则的适用对象的性质、特点等；③单教学原则的制订也应符合并落实分原则的要求，而且要有针对性，做到“一事一则”。

有一点需要说明，无论各家的着眼点和表述有怎样的差异，但其基本思路都大体相同——主张在本学科教学实践的基础上，汲取百家之长，既把握共性，又兼顾个性。

---

① 之后在2000年，刘珣在《对外汉语教育学引论》一书中再次论述这一问题，但仅选取了其中的第一、三、四条，也就是说，他最终将确立教学原则的指导思想确定为三条。

三、汉语作为第二语言教学教学原则研究综述

教学原则是教学方法体系中的灵魂，因此很早就受到学者们的关注。早在 20 世纪 60 年代，钟梫在《十五年汉语教学总结》[①]中特别谈论了以下教学原则：①“精讲多练、课内外相结合”的实践性原则；②用汉语进行课堂教学的直接性原则；③教学内容与学生专业相结合的学以致用原则；④“语文并进”，听、说、读、写全面要求，阶段侧重原则。1997 年 7 月，北京语言大学出版社出版了一套《对外汉语教学研究丛书》，全套书共 5 本。其中一本《对外汉语教学课程研究》专门讲解课程和课堂教学策略，讨论了对外汉语各种课型的教学原则问题。

论及汉语作为第二语言教学基本原则的著作和论文还有很多。比如，刘珣在《对外汉语教育学引论》中列出了 10 条教学原则：①掌握汉语的基础知识和基本技能，培养运用汉语进行交际的能力原则；②以学生为中心、教师为主导，重视情感因素，充分发挥学生主动性、创造性原则；③结构、功能、文化相结合原则；④强化汉语学习环境，加大汉语输入，自觉学习与自然习得相结合原则；⑤精讲多练，在语言知识的指导下以言语技能和言语交际技能的训练为中心原则；⑥以句子和话语为重点，语音、语法、词汇、汉字综合教学原则；⑦听、说、读、写全面要求，分阶段侧重，口语、书面语协调发展原则；⑧利用母语进行与汉语的对比分析，课堂教学严格控制使用母语或媒介语原则；⑨循序渐进、螺旋式提高、加强重视原则；⑩加强直观性，充分利用现代化教学技术手段原则。李泉在《对外汉语教学理论思考》中列出了 3 条原则：①以学生为中心原则；②以交际能力的培养为重点的原则；③以结构、功能、文化相结合为框架的原则。徐子亮、吴仁甫在《实用对外汉语教学法》中列出了 4 条原则：①精讲多练原则；②讲练结合原则；③突出语言教学特点的原则；④以学习者为中心的原则。姜丽萍在《对外汉语教学论》中列出了 6 条原则：①以培

① 钟梫．十五年汉语教学总结[J]．语言教学与研究，1965，1979，试刊第 4 集：146－154．

养学生汉语的语言能力和语言交际能力为教学的根本目的;②以技能训练为中心,将语言知识转化为语言技能;③把汉字作为教学的重点和难点;④与文化因素紧密结合;⑤在课堂教学中注重创设情境;⑥听说读写全面要求。程棠在《对外汉语教学目标原则方法》中则列出了3条原则:①以语法结构为纲;②以功能、意念为纲;③结构、功能相结合。程棠这里说的教学原则,主要是就教学内容的安排而言的。黄晓颖在《对外汉语有效教学研究》中列出了10条原则:①语言知识要以活用为本;②教学内容要重点突出;③课堂活动要以学生为主;④教学方法要灵活多样;⑤教学过程要循序渐进;⑥呈现新知要随讲随练;⑦已学知识要反复重现;⑧教学效率要力争最大化;⑨教学手段要直观形象;⑩教学语言要少用外语。

这些汉语作为第二语言教学文献所阐述的观点有相似的地方,比如,大多提到了“以学习者为中心”“以语言技能训练为中心”“结构、功能、文化相结合”“精讲多练”等原则。也就是说,这些教学原则基本上已成为学界共识。但也有意见不完全一致的地方,比如“把汉字作为教学的重难点”“少用外语作为教学语言”等。

下面将基于我们的理解来讨论汉语作为第二语言教学的教学原则。

四、汉语作为第二语言教学教学原则的范围

教学原则是教学过程中遵循的基本准则,是对教学过程中主要矛盾的认识和把握。我们通过分析学界有关教学原则的论述,结合多年的教学实践经验,将汉语作为第二语言教学应遵循的教学原则分为普遍性教学原则和特殊性教学原则两大类。

(一)普遍性教学原则——适用于所有教学的教学原则

普遍性教学原则指任何教育教学活动都要遵循的原则。这些原则不仅适用于汉语作为第二语言教学,还适用于语文教学、数学教学、英语教学等;不仅适用于大学教学,还适用于小学教学和中学教学。

1. **趣味性原则**

趣味性原则是指教学能吸引学生，有趣味性。也就是说，教学内容和教学方法都要有趣。语言学习需要通过不断模仿、重复和记忆才能实现，这一过程极易让人感到枯燥，因此，教师要努力选择生动有趣的教学内容。除了教学内容外，趣味性还来源于教学形式，这主要靠教师发挥主观能动性，探索怎么把教学内容生动活泼地教授给学生。

传统的课堂教学模式是教师讲、学生听。但在汉语作为第二语言教学课堂上，这种传统的教学模式往往行不通。一方面，“教师讲-学生听”的课堂教学模式会剥夺学生参与课堂的权利和机会，容易让学生感到无聊；另一方面，语言教学不同于理论知识教学，只依赖教师的讲解往往无法取得好的教学效果，无法让学生获得成就感，进而无法持续维持学生对学习的兴趣。因此，在汉语作为第二语言教学的课堂上，教师应尽量让更多的学生参与到课堂活动中，以便调动他们学习的积极性和主动性，强化他们的学习兴趣。

增加趣味性的最典型教学方法是游戏教学法，这种教学方法强调在游戏中教与学。但在运用这种教学方法的时候，一是要注意效率，要努力、高效地实现教学目标，而不是止步于游戏；二是要注意教学对象的年龄和身份，有些年长或性格内向的学生可能不喜欢这种教学方法。除游戏教学法外，一些图片、音频、视频的呈现也能吸引学生的注意力，增加他们的学习兴趣。

无论是教学内容还是教学形式，都是针对教学过程而言的。从教学效果来看，还需要增强学生的成就感和获得感。这对成年学生来说尤为重要。相比于枯燥乏味的学习内容和学习形式，成年学生往往更不能忍受自身学习成绩停滞不前。原地踏步乃至屡受挫折，都会打击他们的自信心与积极性。因此让学生获得成就感，也是让教学具有趣味性的一个重要方面。

2. **循序渐进原则**

循序渐进原则要求在教学过程中做到由浅入深、由易到难，做好过渡，逐步推进。该原则不仅在设置课程、编排教材、设计课时等过程中占有举足轻重的地位，在教学实践中也尤为重要。教学实践中，有些教师会犯与该原则相违背的错误，比如教师对复杂的知识点不做分解，而是一股脑儿地教给学生，学生囫囵吞枣，难以消化；再如教师用较难的语言解释简单的知识点，不考虑学生的水平基础。

在教学过程中遵循循序渐进原则要求我们做到三点：首先，分解难点。要将复杂的知识点简单化，切分成不同的层次进行教学，注重讲练结合。分层教学可以分散难点，各个击破；还可以建立教学内容间的联系，有利于帮助学生构建知识体系。其次，螺旋式上升，提高重现率。语言的学习是一个长期积累的过程，不可能一蹴而就，汉语作为第二语言教学不是短时间内可以完成的工作，需要循序渐进。教师应不断输入新知识，逐渐增加难度，同时不忘复习旧知识，帮助学生在"温故"中"知新"。最后，充分了解学生的语言水平，教学过程中使用的语言与学生现有语言水平相适应。

循序渐进原则体现了知识的系统性、完整性和人类认知规律。任何学科都有其逻辑结构及科学体系，教师在传授科学知识时要注意体现系统性；同时，还要尊重学生的认知规律，要由已知推向未知、由浅层推向深层，让知识增长呈现螺旋式上升的趋势。

3. 直观性原则

直观性原则是指在教学过程中，应创造条件让学生有机会充分利用各种感官直接感知对象，从而获得直接经验和感性认识，为理解内容、形成概念奠定基础。语言知识是抽象的，采用直观教学的方法能化抽象为具象，有助于学生理解并记住学习内容，也有利于调动学生的学习兴趣，从而更好地掌握第二语言。实词大多适合直观教学，实词教学一定要避免采用非直观的教学方法。虚词不容易直观教学，教师要尽量让虚词教学直观化。直观性原则的实现手段包括实物、动作、教具、图片、视频等。在现代教育技术极为发达的今天，直观性原则比以前更容易实现，网络上动图、短视频等素材极为丰富，教师可以有选择地利用。

4. **因材施教原则**

因材施教原则要求教师要有教学对象意识[①]，在教学过程中因人而异，区别对待，量体裁衣，对症下药。可以从不同的角度将学生划分为不同的类型。从学习需求看，有的学生是为了毕业或找工作，而有的学生则是为了满足自己的兴趣爱好。从学习风格看，有的学生是场独立型，比较适应结构不严密的教学方法；而有的学生则是场依存型，喜欢有严密结构的教学，需要教师的明确讲解和指导。教师应根据不同学生的特点，采用不同的教学方法。

5. **科学性原则**

科学性原则是指教学内容要正确，教学方法要合理。在汉语作为第二语言教学实践中，科学性原则实际上是最难彻底贯彻的一条原则：它要求教师在汉语教学过程中，不能犯任何科学性方面的错误。而在实际的汉语教学中，有很多问题我们很难说清楚。为什么很难说清楚？主要有三个方面的原因：①汉语非常复杂，很多现象至今无人能说清楚，比如“的”的隐现问题；②不少教师阅读量有限，对前人研究成果了解不充分，无法在教学实践中运用学界已有研究成果；③有些汉语教师自身的语言研究能力有限，无法解答一些语言问题。几乎所有的语言教师都会遇到让他们一时难以回答的问题。笔者以前教学时就有学生提问：“‘困惑’跟‘糊涂’有什么不同？”“‘开口’和‘张口’有什么不一样？”这些看似简单的问题，实际上并不容易回答。又比如，有学生问：“‘七上八下’‘四分五裂’‘三心二意’都是对称的结构，但为什么我们要说‘乱七八糟’，而不是‘七乱八糟’呢？”还有些问题是典型的文化类问题，比如：“为什么‘戴绿帽子’是‘配偶有外遇’的意思？为什么‘三长两短’表示‘出意外’？”上述这些问题，有的相对容易回答，有的就不容易在一两分钟内解释清楚。这说明汉语作为第二语言教学是很难的，成为一名优秀的汉语教师非常不容易。

汉语作为第二语言教学的科学性原则要求教师在上课前制订出科学、合

① 关于教学对象意识，详见第六章第二节。

理的教学方案。“台上一分钟，台下十年功”，为了保证教学内容是科学、合理的，教师要对语言和文化都有非常好的理解和把握，同时在上课之前做好各方面的准备[①]。

（二）特殊性教学原则——适用于汉语作为第二语言教学的特殊原则

1. 精讲多练原则

20 世纪五六十年代，我国汉语作为第二语言教学有两个主要的理论成就，其中一个就是精讲多练原则[②]。精讲多练原则强调语言教学要使学生获得充分的练习机会，因此也有人把它叫作实践性原则[③]。但我们认为“精讲多练原则”这个说法比“实践性原则”这个说法更好。因为“实践性”这一说法其实就是强调“多练”，而“精讲多练”不仅仅强调“多练”，还要求“精讲”。如果只是学生“多练”，教师不讲或者教师讲得不够好，学习效果也不会好的，所以，“精讲多练”似乎更全面、更准确。精讲多练原则要求教师做到以下几点：首先，该讲的东西一定要讲，不该讲的东西一定不讲；其次，要尽量讲得简洁、清晰、准确、有层次；再次，要把充裕的时间留给学生，让学生获得充分的练习机会；最后，鼓励学生在课后尽量多进行练习。

精讲多练原则对汉语作为第二语言教学的重要性不言而喻，但贯彻起来却非常难。在实际教学过程中，真正能做到讲练比例符合“精讲多练”要求的非常少。笔者曾经录制过北京师范大学、首都师范大学及广西大学几位教师的实况课堂教学，统计后发现，在大部分课堂上，教师的话语量都占到了 70％左右，有的甚至达到了约 80％；所有学生合在一起的话语量只占到了整个课堂的 20％～30％。为了使数据更具代表性，笔者还对原国家汉办推荐的一节示范口语课课堂教学过程进行了统计分析，发现教师说话时间约占整节课的

---

① 备课的注意事项将在第七章第二节详细讨论。

② 另一个是《汉语教科书》中构建了面向第二语言学习者的汉语教学语法体系。

③ 还有人认为，实践性原则包括“精讲多练”和“课内课外相结合”两个方面。

60%、学生(全体学生)说话时间约占整节课的40%[①]。相较前述的调查而言，这已经有了很大的进步，但是即便如此，依然很难达到“精讲多练”原则的理论要求。

精讲多练没有统一的讲练占比标准，但是理论上学生至少应该获得50%的说话机会，要不然，很难说做到“多练”。杨惠元在《课堂教学理论与实践》中明确指出，按照精讲多练原则，综合课上学生说话时间不能少于60%，口语课学生说话时间不能少于70%[②]。但在实际汉语作为第二语言教学实践中，这是很难做到的。著名课堂教学研究学者弗兰德斯曾将课堂教学行为分为多种类型，并编制了课堂教学观察量表对之进行研究，该量表在学界的认可度很高。他提出，语言课堂上教师话语量的常模是68%，学生话语量的常模为20%，剩余的12%是空白/无效时间。这说明现实中的教师话语占了大部分时间，学生获得练习的机会不多。这一现实与精讲多练原则是相违背的。

既然大多数的实践都表明，在对外汉语课堂教学中，往往教师说得多、学生说得少，那么，这是否意味着精讲多练原则本身有问题呢？笔者认为，该原则本身是没有问题的；出问题的是我们的实践——我们因为各种各样的原因，没能做到理论上的要求。北京师范大学和普林斯顿大学合作举办了一个语言班——普北班，这个班使用了普林斯顿大学教授周质平创立的一套汉语教学方法——普林斯顿教学法，北京师范大学亓华、李霞等人研究了普北班的课堂话语[③]，最后统计的结果是：普北班上，教师话语量可以低于50%，学生话语量可以达到50%以上。这说明，当调整了教学模式和教学方法后，师生话语量的比例是可以改变的。也因此，我们认为，只要方法得当，是能够做到真正的“精讲多练”的。

那么，如何才能真正做到精讲多练呢？我们认为至少需要做到以下几个

① 孙瑞，孟瑞森，文萱.“翻转课堂”教学模式在对外汉语教学中的应用[J].语言教学与研究，2015(3):37.

② 杨惠元.课堂教学理论与实践[M].北京:北京语言大学出版社，2007:87.

③ 亓华，李雯.中美联办普北班中、高年级课堂话语互动模式研究[J].北京师范大学学报(社会科学版)，2009(6):111－118.

方面。

第一，教师必须懂得取舍。教师经常会犯一个错误：课本上的知识，包括生词、语法、课文、练习等，若没教过哪个，就好像没完成任务似的。实际上这是不懂得取舍，不会合理分配时间，不知道“好钢需要用在刀刃上”。在教学实践中，我们经常会见到这样一种情形：即使面对的是成年学生，一些老师也会把大量的时间用在生词讲解上，结果导致课堂时间不够用，有些知识没讲完。事实上，对于成年学生来说，生词教学往往不用花费太多时间。这至少有两方面的原因：一是生词很多（中级阶段一篇课文的生词量就达 70～100 个，高级阶段更多），全部讲解会耗费大量的时间，而且一个一个地讲也会让学生感到枯燥乏味。二是生词的学习不必依赖教师讲解。学生通过查词典或者上网搜索等方式，基本上就能够掌握所要学习的生词。在实际操作的时候，教师可以让学生先自学生词，然后在课堂上检查学生掌握的情况。检查一方面是为了督促，另一方面是为了获得反馈信息，并根据反馈信息进行针对性的调整——通常我们会对学生没有掌握的生词进行专门的讲解和强化训练。总之，教师在课堂上只需要讲必要的，不必要的可以让学生自己学习，只有这样，才能保证学生有充分的练习时间。总结为一句话：教师要有所讲，有所不讲。

第二，教师要选择一个适合学生练习的教学模式。如果采用语法-翻译法或者其他相对传统的教学方法，那么学生在课堂上获得的练习机会（特别是口头表达的机会）很可能会比较少；如果采用“翻转课堂”教学模式、合作学习模式、任务型教学法、产出导向法或者其他新型的教学方法，那么学生在课堂上获得的练习机会很可能会比较多。笔者曾与人合作写过一篇题为《“翻转课堂”教学模式在对外汉语教学中的应用》的文章，介绍了运用“翻转课堂”教学模式进行教学的情况。在我们调查的那个课堂上，学生的话语权得到了比较充分的保证，话语量达到了 60%～70%。这证明，在某些时候，运用“翻转课堂”教学模式进行教学可以做到“把更多的时间留给学生”这一目标。近段时间流行一种叫“产出导向法”的新教学模式。这种教学模式也强调课堂上的语言输出，让学生能获得比较多的练习机会。总之，要想真正做到精讲多练，就应该选择恰当的教学模式。

第三，在微观层面，要采取一些技巧来做到精讲多练。怎么做呢？笔者认为最重要的是要改变传统的线形交际模式，转而采用新的交际模式，比如扇形交际模式或球形交际模式。所谓的线形交际模式，就是上课的时候教师提出问题，然后找学生逐一回答。我们曾做过统计，在我们收集的以线形交际模式为主的课堂语料中，每 90 分钟内平均每个学生仅可以获得说 600 个字的机会①。我们知道，普通中国人每分钟能说 200～300 个字；留学生语速较慢，按每分钟 200 个字计算，每个留学生在 90 分钟的课堂时间内只能获得 3 分钟左右的说话时间。这说明，线形交际模式下，学生在课堂上能获得的交际机会非常有限。那么，应该怎么解决学生说话机会少的问题呢？这就要采取扇形或球形交际模式。扇形交际模式要求教师尽量少让个别学生回答问题，而是让所有的学生同时回答问题，即一个教师面对所有学生。球形交际模式是指教师在课堂上将学生分成很多个小组（常见的是两人一组），让学生分组进行会话练习。现在这种小组学习是一种很流行的模式，也是语言课堂上非常重要的一种模式。两两一组，每个人都在说话；两两练习，理论上每个人都可以获得一半的说话机会。一个人说，一个人听，整个课堂的学生都在交际，这样的交际容量就非常大。笔者曾给自己定过一个要求：每堂课都要保证所有的学生均获得不少于 10 分钟的说话时间；事实证明，这是可以做到的。如果一个班有 25 个学生，每个学生有 10 分钟的说话时间，那么全班学生的话语容量就是 250 分钟话语，比起 40 分钟的线形交际模式显然要多得多。总之，教师要尽一切可能让学生获得充分的练习机会。

课堂教学中除了有创造性练习（造句、情景表达等）外，还应该有大量机械练习的机会（或近似机械练习的练习）。机械练习有时候很枯燥，但是却很有效。比如，教师提问："这个人是谁？"学生可能回答："王老师。"此时，教师

① 孙瑞.对外汉语口语教学课堂话语权问题的探讨[J].云南师范大学学报（对外汉语教学与研究版），2016(6)：14－20.

不妨对学生说："请说出完整的句子。"即要求学生回答："这个人是王老师。"当学生这样回答的时候，学生实际上就获得了更多的练习机会。此外，还要经常在学生回答问题后提问其他学生："刚才你们听到了什么？大家能否重复一下他说的话？"这样就能迫使其他学生关注正在发言的学生所说的话语，而重复该学生的话则能让其他学生获得一次额外的练习机会。

总之，精讲多练原则很重要，但是要完全贯彻非常不容易，教师在实际教学过程中可以采用上述策略，努力实现"精讲多练"。

2. "$i+1$" 原则

"$i+1$"原则是指在语言教学中，教学内容和教学语言的难度应该比学生现有水平略高一点。这里说的"i"就是指学生现有的语言水平和知识水平，"1"则是指略高于现有水平的语言输入和教学内容。教学内容和教师的教学语言既不能太难，也不能太容易。太难会让学生"消化不良"，太容易又会让学生觉得没挑战且学不到东西。

熟悉语言习得理论的读者应该知道，"$i+1$"原则的理论来源是克拉申(Krashen)提出的"$i+1$"输入假说。该假说认为，充分、有效的语言输入是语言习得的必要条件；而有效的输入就是比学生现有水平略高的可理解语言输入。大量的研究和实践已经证明了"$i+1$"输入假说的科学性。因为该假说的科学性，我们也有理由相信"$i+1$"原则是符合教学规律的。

贯彻"$i+1$"原则，最重要的就是要了解学生的现有水平，然后在语言输入的时候有意识地稍微提高一点点难度。

教师可以有多种方法来了解学生现有的语言水平，其中，最常见的方法是教师根据自身的经验来进行判断或者根据学生的反馈来判断。比如，对于刚学了两个月汉语的学生来说，教师应该知道学生可能只掌握了一两百个生词，还没有学过"把"字句；当教师听到学生说"我比他不大"这样的句子时，应该知道学生已经学过"比"字句，但掌握得还不好。

在实际的教学过程中，一些教师(特别是新手教师)常犯的错误是：不了解或不关心学生"i"的水平，说出来的话明显超出学生现有的汉语水平，导致学生听课听得一知半解。有这样一个真实的教学片段：一名新手教师给学生讲“是”字句，他说：“同学们，今天我们讲‘是’字句。‘是’字句是用动词‘是’作谓语的句子。”我们知道，“是”字句是非常基础的语法点，学生在入学后很快就要学习这个结构，而此时学生的汉语水平是非常低的，该新手教师的讲解中包含了大量更复杂的词汇和语法点，学生肯定没办法理解。这就是典型的违反“$i+1$”原则的情形。

在实际教学过程中，还可能出现另一种情况：学生水平参差不齐，教师讲授的内容对有些学生来说是合适的，但对另一些学生来说却太难或太容易。对于这种情况该怎么办呢？一般来说，主要的策略有三种：一是关注大多数，这是处理类似问题的基本原则。二是看是否能重新分班，把水平明显不同的学生分到不同的班中。三是给后进生安排补课，争取让后进生尽快跟上教学进度。

3. 国别化原则

国别化原则是因材施教原则的延伸。因材施教原则告诉我们，教学应充分考虑学生的个体差异，这样的教学更具针对性，效果也会更好。然而，在教学资源有限的条件下，我们无法大规模地开展一对一的个性化教学。准确把握学生群体间的最大差异，开展面向特定群体的针对性教学，就显得尤为重要。我们认为，学生之间的国别差异最值得重视。国别不同，学生的文化背景就不同，教学中需要注意的文化禁忌也不同。比如，面对伊斯兰国家的学生，我们就不适合讲“吃猪肉”的事情；面对日本学生，讲核爆炸就得特别谨慎。国别不同，学生的学习习惯和学习风格可能也不同。比如，日本学生，特别是男性学生，场独立型的学生居多，他们往往不太愿意在公开场合长篇大论，那么教师就应该鼓励他们多说话；越南学生中场依存型的学生比较多，那么就应该引导他们在语言产出时加强自我监控①，确保产出的语言符合语言规范。国别不同，往往还意味着学生的学习难点不同。比如，日本学生发“r”

① 这通常被认为是元认知策略（即对认知的认知）。

这个音时有困难，应特别注意；欧美学生学习送气音有困难，那么教师在教欧美学生学习送气音时应采取专门的措施[①]进行教学。

4.随讲随练原则

随讲随练原则是指在讲解知识的时候，不仅要一层一层、循序渐进地讲，而且要每讲一层就练习一层，边讲边练，由浅入深。随讲随练原则包含有循序渐进的意思，但同时更加强调练习的介入，要求讲解完之后马上练习，然后才进入下一个环节。我们之所以如此重视随讲随练原则，是因为汉语作为第二语言教学本质上是技能训练，要求有充分、及时的练习。

现在有不少教师习惯于先花大量的时间把所有知识点讲完，然后再做练习。这样的效果往往不好，因为知识点太多，不便于学生理解与记忆，一味灌输，可能会让学生把知识记混淆，致使无法顺利完成各种练习。正确的做法是，教师首先搞清楚一个语法知识点包括多少个层次，这些层次之间的相互关系是什么，应该先讲哪个层次、后讲哪个层次，然后再逐层讲解，边讲边练。为什么要这样？因为教师讲一层，不代表学生就掌握了这一层知识。讲一层练一层，学生练完了，确保学生已经掌握了，教师再讲下一层，这样学生学习下一层时就会比较轻松。

本章小结

教学原则是教学过程中必须遵循的基本要求。本章将汉语作为第二语言教学教学实践中应遵循的教学原则分为两类：一类是所有教学活动都应遵循的教学原则，另一类是第二语言教学应遵循的一些特殊原则。这两类原则一起发挥作用，指导汉语作为第二语言教学。教学实践如果违反这些原则，便会严重影响教学效果。

---

① 至于要采取什么样的措施，详见第五章第一节。

第四章　汉语作为第二语言教学的教学法

在第二语言教育的早期，人们对教学法还缺乏系统的思考和研究，但会不自觉地使用某种教学方法来进行教学活动。最迟到 19 世纪 80 年代[①]，人们开始关注语言教学法的研究，并尝试梳理出相对系统的语言教学法理论原则。随着人类社会的发展，跨语言的交际活动也日益增多，第二语言学习需求随之增加，第二语言教学法的研究相应地也获得了蓬勃发展，特别是进入 20 世纪以后，语言学、教育学、心理学等学科快速发展，出现了纷繁多样的学科理论和研究方法，为第二语言教学法的发展奠定了基础。第二语言教学法在发展过程中产生了很多流派，每一种教学法流派都是在一定的条件下为解决某一特定任务或者纠正先前学派的某些不足而产生的，同时每一种教学法流派都有自身的理论基础、教学原则和具体的教学方法。了解并分析这些流派，理解和把握其理论与方法，对我们认识第二语言教学的本质、提高汉语作为第二语言教学的实践水平都具有十分重要的意义。

100 多年来，出现了大大小小、影响力各异的教学法流派，比如语法-翻译法、自然法、听说法、视听说法、交际法、认知法、全身反应法、沉浸式教学法等。本书只介绍历史上最重要的和最新的教学法流派。

一、语法-翻译法

(一)语法-翻译法的产生及含义

在第二语言教学中，最古老的教学法就是语法-翻译法。19 世纪之前，世

① 有学者认为，语言教学方法的讨论最早出现于弗朗索瓦·古恩(Gouin)的《外语教与学的艺术》一书中；也有人认为，语言教学理论研究始于文艺复兴(约 14 至 16 世纪)之前(杜辉，李柠君. 西方语言教学理论的百年变迁与启示[J]. 天津外国语大学学报，2017(1)：61.)。

界范围内的移民相对较少，第二语言学习的需求不大，人们提出的第二语言教学法很有限。进入19世纪以后，随着西方国家在世界各地不断开拓殖民地，移民开始增多，语法-翻译法随之流行起来。目前，在一些偏远地区的第二语言教学实践中，语法-翻译法依然有一定的应用空间；但总体而言，近些年该教学法的使用范围已经大幅缩小。语法-翻译法以语法教学为主要内容，特别强调语法的重要性，以翻译为主要的教学策略。例如，在语法-翻译法的课堂上，当解释“This is a book”这样的语句时，教师会从解释语法结构的角度出发，将句子解释为：“‘this’意思是‘这’，作主语；‘is’是系动词，意思为‘是’；‘a’为不定冠词；‘book’意为‘书’，作表语。整个句子是主系表结构，句子的意思是‘这是书’。”这就是比较典型的语法-翻译法教学。

（二）语法-翻译法的理论基础

语法-翻译法之所以能够有巨大的影响力，一个重要原因是它有坚实的理论基础。语法-翻译法的语言学基础是历史比较语言学。历史比较语言学会把不同语言放在一起进行比较，比较的目的是为了找到语言之间语音、词汇、语法上的对应关系。语法-翻译法认为，教师可以根据这种对应关系进行教学。

（三）语法-翻译法的特征

语法-翻译法有其明显的特征：特别强调语法教学，把语法知识当作教学的主要内容；把翻译作为主要的教学手段；以学生的母语为媒介语；强调书面语的学习，忽略口语的学习；注重对词汇、句子的语法诠释和逐字直译而非用法示范，语言材料的选择以能体现语法规则为基准，生词教学通过生硬对译的词汇表展开。

（四）语法-翻译法的优点

语法-翻译法比较容易操作；对教学器材、教学设备等的要求不高，也不受人数限制；教师可以根据学生对目的语翻译的结果来判断其对语法点掌握的程度;培养出的学生往往有比较高的语法水平和书面翻译能力。正是由于语法-翻译法有这些突出的优点,才使其能够在漫长的历史时期内被广泛采用。

(五)语法-翻译法的不足

语法-翻译法的不足之处也极为明显。首先,语法-翻译法强调书面语的学习,忽视口语,所以培养出的学生往往听说能力欠佳,这是最大的缺陷。其次,语法-翻译法有时比较枯燥,学生的兴趣不容易被调动起来。最后,语法-翻译法过分依赖母语和翻译手段,不利于学生养成用目的语思维的习惯。

二、听说法

(一)听说法的产生及含义

第二次世界大战期间,美国陆军急需培养一批熟悉外语的军事人才,于是邀请了一批语言学家给士兵们上课,语言学家们在教学实践中总结出了一套教学方法。这套教学方法强调听说训练,被人们称为听说法;这套方法强调对句型进行不断练习,所以又被称为句型法;这套方法还因为最初是在陆军中应用的,所以也被称为陆军法。

听说法注重利用实物、图片、手势、上下文、情景等进行教学。学生在学习过程中需要反复练习,甚至需要通过重复语言材料以达到背诵的程度。学生在训练过程中可广泛采用词语替换、句型转换及句子扩展、转述、压缩、合并等手段。听说法还可以选择用问答、对话、叙述等方式,描述特定的场景或事件,达到活用的目的。典型的听说法训练示例有:“这是书”可替换为“这是碗”,又可扩展为“这是一本书”或“这是我买的一本书”。不管如何替换和扩展,句型结构不变。

(二)听说法的理论基础

听说法的理论基础是结构主义语言学和行为主义心理学。结构主义语言学主张系统地研究语言的结构特征。行为主义心理学提出，人和动物一样，其行为都是由“刺激-反应”的联结构成的，所以听说法重视机械性训练、重复和模仿，认为语言会在反复的“刺激-反应”中得到强化。

（三）听说法的特征

普林斯顿大学教授莫尔坦认为，听说法秉持以下理念：①语言是说的话，而不是写出来的文字；②语言是一套习惯；③教语言，而不是教有关语言的知识；④语言是本族人说的话，而不是某个人认为他们应该怎样说的话；⑤各种语言是不同的[①]。在这样的理念指导下，听说法呈现出如下特征：①听说领先，重视有声语言；②反复实践，形成习惯，采用模仿、记忆、交谈等手段，通过“刺激-反应”不断强化所学语言知识；③以句型为中心；④排斥或限制母语；⑤对比语言结构，确定教学难点；⑥及时纠错，在“刺激-反应”中力求正确，培养正确的语言习惯[②]。

（四）听说法的优点

相较于语法-翻译法，听说法有很多优点，且具有极大的优势。听说法第一次自觉地把语言学和心理学理论作为教学法的理论基础，使第二语言教学法建立在更加坚固的科学基础之上；注重听说训练，强调在实践中培养语言习惯；以句型作为教学核心，易于操作；利用语言对比，确定重难点，极大地提高了教学效率；听说法也注重使用现代化教学手段，出现了诸如《英语九百句》等著名的广播教材。

（五）听说法的缺点

听说法也存在一些不足，它采用机械训练的方式培养学生的听说能力，在一定程度上忽视了学生的主观能动性和创造力；听说法忽视读写训练，不

① 高秋舫.对听说法的认识、实践与反思[J].天津教育，2013(Z1)：109.

② 刘珣.对外汉语教育学引论[M].北京：北京语言大学出版社，2012：161.

利于培养学生的书面语言能力。此外，听说法过于重视对语言结构形式的训练，忽视了对语言内容和意义的理解。

三、视听说法

（一）视听说法的产生及含义

视听说法产生于20世纪50年代的法国，是对听说法的发展，可看作听说法的变体。该方法利用逐渐成熟的多媒体技术，采用播放视频的方式，让学生在看视频的过程中提高听力水平，同时跟着视频学说话，提高学生的表达能力。视听说法相较于听说法，课堂上增加了视频图像和声音的输入，不仅丰富了输入，还刺激了语言的输出。

（二）视听说法的理论基础

虽然视听说法在听说法的基础上增加了视频图像作为教学手段，但其理论基础并没有发生根本性的改变。也就是说，视听说法仍然以结构主义语言学作为语言学基础，以行为主义心理学作为心理学基础。

（三）视听说法的特征

视听说法的特征主要有以下几点：①将口语能力的训练作为教学基本目标，视和听的目的是为了说。②学习的语言材料是日常词汇和句型，以满足日常交际为主。③用声光电技术或实物为教学表现手段，排斥母语作为学习第二语言的中介。④将抽象的语言表达具象化，把语言和交际场景及事物联系起来。

（四）视听说法的优点

视听说法具有独特的优点，它能使音像结合，能调动学生的多种感官，深化学生对知识的理解和感知；能为学生创造相对具体、真实的日常语言交际环境，有利于生活用语的学习和掌握；能直接建立目的语与音像、客观存在之间的联系，有利于培养学生的目的语思维习惯。

（五）视听说法的缺点

视听说法也有不足之处，它过于强调口语，忽视了书面语的分析与训练，不利于语法的掌握。和听说法一样，视听说法也注重形式的训练，不太注关注语言内容。

四、交际法

（一）交际法的产生与含义

交际法是一种出现于20世纪70年代的教学流派。1976年，针对乔姆斯基的“语言能力”学说，美国著名学者海姆斯提出了“交际能力”的概念，这对语言教学界产生了巨大影响。交际法认为，语言教学的目的不是简单地传授语言知识或技能，而是要把知识、技能与具体的语言环境结合起来，帮助学生形成在真实的语言环境中运用语言技能进行实际交际的能力。

交际法可看作是一整套教学理念的综合，没有相对固定的教学模式。该教学法后来演变成为一套教学体系。任务型教学、合作学习模式、“翻转课堂”、产出导向法等都可看作是其衍生模式。这些衍生模式不是单纯地使用交际法，而是融合了其他教学法的“变体”。交际法从20世纪70年代开始流行，至今仍是最主流的教学法。

（二）交际法的理论基础

交际法的理论基础有语言学基础和心理学基础。语言学基础是社会语言学的交际能力理论①，心理学基础则是人本主义心理学。人本主义心理学

① 社会语言学属于功能主义语言学。

重视学习者在学习过程中发挥的主体作用，学习者学习语言是主动建构自己的语言认知结构，而非消极被动地接受语言训练，因而交际法可以使学习效率大大提高。

（三）交际法的特征

交际法的特征体现在以下几个方面：①交际法指导下的语言教学目的是培养学生运用第二语言进行交际的能力；②运用交际法进行教学时，语法教学的重要性被降低；③以话语作为教学的基本单位；④强调为学生创造各种各样的交际环境，包括真实的交际环境和模拟的交际环境，通过交际练习，让学生形成第二语言交际能力。

（四）交际法的优点

交际法使语言教学摆脱了以语言知识或语法规则为主要学习内容的教学观念。交际法与传统的语法-翻译法、听说法等强调语法知识、强调句型的教学法明显不同。当然，运用交际法进行教学时，语法的重要性被弱化。但这不表示交际法不重视语言知识和语法教学，只是说交际法不像语法-翻译法或听说法那样把语法教学作为语言教学的核心。在交际教学法中，讲解语法知识是为了促进语言交际能力的形成。

交际法最能实现汉语作为第二语言教学的教学目的。交际法将交际目标是否达成作为评判教学是否成功的根本标准，这正符合汉语作为第二语言教学的教学目的——与汉族母语者沟通交流。交际法的观念体现了语言作为一种交际工具的本质。

（五）交际法的缺点

交际法强调学生对交际过程的参与，学生是否积极、有效参与对于教学环节的推进至关重要，但在真实的课堂上，常常会有个别学生不愿或无法有效参与课堂交际过程，从而导致教学进程延缓。

此外，由于交际法以交际目标是否达成作为评价交际的主要标准，不执着追求语言表达的准确性，所以，使用此方法培养出来的学生常有语言表达不太标准的不足。

五、合作学习模式①

（一）合作学习模式的产生和含义

合作学习模式于20世纪末在国外开始流行，我国学者从21世纪初开始研究该模式。最早开展相关研究的是教育学界的一些学者，他们把国外有关合作学习模式的研究成果引入国内并进行了相关研究。笔者和李丽虹于2007年在《云南师范大学学报（对外汉语教学与研究版）》上发表的论文《论合作学习模式在对外汉语教学中的运用》是汉语作为第二语言教学界最早关注合作学习模式的文章之一。

合作学习模式既可以看作是一种教学方法、教学模式，还可以看作是一套教学理念。合作学习模式认为教学的过程就是一个师师合作、师生合作、生生合作的过程。

（二）合作学习模式的理论基础

一般认为，合作学习模式的理论基础包括群体动力理论、建构主义学习理论、认知发展理论等。群体动力理论重视群体中的力量对个体的作用与影响；建构主义学习理论主张引导学生从已有经验出发，建构新经验；认知发展理论认为人的认知是一个从低级走向高级的建构过程。

（三）合作学习模式的特征

运用合作学习模式进行教学首先需要分组。分组是把一个班级分成不同的学习小组，每个小组内部进行合作。分组遵循“组间同质、组内异质”的

---

① 本部分较多参考了孙瑞、李丽虹《论合作学习模式在对外汉语教学中的运用》（《云南师范大学学报（对外汉语教学与研究版）》2007年第2期）。

原则。所谓“组间同质”,是指要尽量使每个小组的总体面貌、总体水平大致相当。合作学习模式认为,如果组间差异太大,分组就变得毫无意义。“组内异质”指一个组内的成员应该彼此不同。在汉语作为第二语言教学实践中,常常表现为小组成员的国籍、年龄、身份、性别、汉语水平、学习风格等都尽量不同。组内异质的目的是促进小组内成员的交流。

合作学习模式的核心特征在于小组内的合作学习。小组合作学习包括分解任务和小组合作完成任务两个主要环节。其中,分解任务要求:①教师布置的任务不能太简单,否则学生不需要合作就能完成。任务一般要有一定的难度和一定的量,单独靠一个学生来完成往往比较困难,需要大家合作才行。②教师不能做“甩手掌柜”,要指导学生对小组任务进行再分解。在这个过程中,教师还要防止个别学生“包打天下”致使其他学生“袖手旁观”,要确保每人都能负责一部分任务。在分解和完成任务的过程中,组内学生之间应保持持续的沟通。小组合作完成任务要求学生既独立又合作,一方面有可以独立完成的内容,另一方面还需要进行大量的组内沟通。在整个过程中,学生要相互沟通、配合和帮助,直至整个学习任务完成。

合作学习模式的评测通常采用团队评估的形式。也就是说,在合作学习模式下,通常不对个人进行单独评测,而是对个人所在的团队进行整体评估,以团队成绩代替个人成绩。

(四)合作学习模式的优点

合作学习模式有利于培养学生的语言交际能力。语言学习本身是为了培养学生的语言交际能力,而语言交际能力的形成,通常需要依赖充分的交际。合作学习过程中,学生要有大量的交际才能完成任务,而这些交际本身就会有效促进学生语言交际能力的形成。

合作学习模式有利于帮助后进生。能力强的学生为了完成合作任务,会主动帮助后进生;而后进生为了不影响同组其他学生的成绩,通常也会尽力提升自己的语言能力,期望能够更好地完成合作任务。

（五）合作学习模式的缺点

合作学习模式的学习任务由小组合作完成，有时候由于教师监督不到位，会出现后进生怠倦、先进生“包打天下”的情况。在该模式下，为保证学生的学习质量，需要教师进行细致的组织、管理和额外的监督。

六、翻转课堂教学模式[①]

（一）翻转课堂教学模式的产生与含义

“翻转课堂”(flipped classroom)，又被译为“反转课堂”“颠倒课堂”“颠倒教室”，该教学模式是近十来年才流行起来的一种教学模式。它发端于美国，一般认为最早讨论翻转课堂的是美国人莫琳·拉格、葛兰·普拉特和迈克尔·特里西娅，他们在论文《翻转教室：创建包容性课堂环境》中介绍了他们教授经济学入门时采用“翻转教学”模式的情况，但当时他们并没有使用“翻转课堂”或“翻转教学”之类的术语。

“翻转课堂”真正引起人们关注是在2007年，当时美国科罗拉多州的高中化学教师乔纳森·伯格曼和亚伦·萨姆斯运用“翻转课堂”开展教学活动，他们把结合实时讲解和PPT演示的视频上传到网上，让学生下载并在课前学习，把课堂时间留出来让学生完成作业，或帮助学生处理实验过程中的问题。这样的“课前学习知识，课上内化知识”的模式，与传统的“课堂学习知识，课下内化知识”的模式相反，所以被称为“翻转课堂”。

2011年，萨尔曼·可汗(Salman Khan)在TED[②]大会上的演讲报告《用视频重新创造教育》中提到“翻转课堂”这一概念，自此“翻转课堂”成为教育者关注的热点，并被加拿大的《环球邮报》评为2011年影响课堂教学的重大技

① 本部分较多参考、引用了孙瑞、孟瑞森、文萱的《“翻转课堂”教学模式在对外汉语教学中的应用》。

② TED全称为“Technology Entertainment Design”，美国一家私有非营利机构。

术变革。

到目前,翻转课堂教学模式已经形成了一些有代表性的范式,比较重要的如林地公园模式、可汗学院模式、河畔联合学区模式、哈佛大学模式和斯坦福大学模式。

(二)翻转课堂教学模式的理论基础

翻转课堂教学模式是建立在建构主义理论基础之上的。建构主义反对行为主义有关学习是对外部刺激被动接受过程的观点,认为学生的学习是对外部信息进行主动选择和加工的过程,外部信息与大脑中已有的信息相互作用,不断建构和完善新的知识体系。体现在课堂上,建构主义反对知识的灌输,反对教师成为教学活动的中心;主张学生通过自学建构内在的语言能力,教师只是学生建构过程的辅助者。

(三)翻转课堂教学模式的特征

翻转课堂模式让传统课堂的"课堂学习知识,课下内化知识"转变为"课前学习知识,课上内化知识",其常规的操作流程如下:教师制作短视频,介绍教学重难点、目标及注意事项;学生在短视频的指引下在课前自学;教师在课堂上检查学生自学情况并依据学生掌握情况进行补充解释、说明,进而组织学生进行更多的练习,帮助学生内化知识。与传统课堂相比,翻转课堂教学模式下的课堂要素性质发生了根本性改变,见表 4-1。

表 4-1 课堂要素对比

对象	传统课堂	翻转课堂
教师	知识传授者、课堂管理者	学习指导者、促进者
学生	被动接受者	主动研究者
教学内容	重教材知识讲解传授	重相关问题探究

1. 教师角色的转变

在传统课堂上,教师是知识的传授者和课堂活动的管理者,完全掌控着课堂；而在翻转课堂上，教师通过提供学习资源、给出活动建议、协助解决难题等方式帮助学生，扮演课堂活动指导者和学生学习促进者的角色，成为学生成长和进步的“脚手架”。在翻转课堂教学模式下，教师不仅要有深厚的专业功底、广博的知识，更要转变教学思路，重新定位自己的角色，还要学会新的教育教学技能，比如制作微课等。

2. 学生角色的转变

在传统课堂上，学生是教师课堂讲授的“听众”，是知识的被动接受者。而在翻转课堂教学模式下，学生必须积极主动地参与课堂，是教学活动的主体和完成教学任务的“中坚力量”，他们更加自由，可以按照自己的实际情况来组织和安排自己的学习，比如说多次观看教学视频，或者利用网络搜索相关资源，等等。

3. 教学内容的转变

在翻转课堂教学模式下，教材中的重点知识会呈现在课前需学习的视频当中，课堂上的教学重点则在于解决学生不懂的问题，师生互动讨论，或者是学生与学生之间进行现实应用和深层探究，这样就可以把更多的时间留给学生，让学生真正成为学习活动的中心。

（四）翻转课堂教学模式的优点

翻转课堂教学模式符合“以学生为中心”的教学理念，让学生能获得更多深度参与课堂的机会；关注学生个性，能满足不同学生的个性化需求；能取得好的教学效果（众多研究已经证明了这一点）；该教学模式基于网络技术开展教学活动，符合时代发展方向。

（五）翻转课堂教学模式的缺点

翻转课堂教学模式在实施中需要完善的教学设备包括：教师的录制设备、学生学习所用的电子设备、资源的分发平台等。这些硬件需求并不是每个地区、每所学校、每个家庭都能满足的。电子信息产品的长时间使用，是否符合学生的身心发展规律，是否有助于学生身心健康，这些都还有待进一步研究。

采用翻转课堂教学模式，教师需要在课前花费很多时间成本和物质成本来准备教学材料，比如录制教学视频、制作学生自学使用的课件、搜集整理学习资料、设计教学活动等，这些对教师的工作态度、责任心、工作条件等都提出了较高的要求，对教师的专业知识结构和教学能力也提出了新的挑战。

翻转课堂教学模式高度依赖学生学习的自觉性和主动性，需要学生每次都按照教师的要求，在课前观看教学视频、学习相关辅助材料，提前准备课堂活动，这在一定程度上加重了学生预习的负担。如果学生学习的自觉性和主动性不强，无法完成预期任务，那么教学效果就会大打折扣。

七、产出导向法

（一）产出导向法的产生和定义

“产出导向法”由我国著名二语教学研究专家文秋芳教授及其团队提出，是一套二语教学方法。该方法是针对国内英语教学界长期忽视语言输出，学生中广泛存在“哑巴英语”的现象提出的。该教学法的最初形态叫“输出驱动教学法”；2015 年，文秋芳发表《构建产出导向法基本理论》，正式将之定名为“产出导向法”①。

一般认为，产出导向法是一套包括“三个学说”“四个假设”和“三个阶段”的理论和方法体系。“三个学说”是指产出导向法坚持学习中心说、学用一体说和全人教育说；“四个假设”是指产出导向法相信输出驱动假设、输入促成假设、选择性学习假设和以评促学假设；“三个阶段”是指教学流程的三个阶段，即驱动、促成和评价这三个阶段。

① 本部分内容较多参考了文秋芳及其团队撰写的系列论文。

（二）产出导向法的理论基础

产出导向法坚持的“三个学说”实际上就是该教学法的理论基础。

学习中心说是针对传统的“以教师为中心”和“以学生为中心”等提出的一种教育教学理念。该学说认为“以教师为中心”和“以学生为中心”都有片面之处：“以教师为中心”在一定程度上忽视了学生的主体作用；“以学生为中心”同样也在一定程度上忽视了教师对学生学习的指导作用。鉴于此，文秋芳等人认为“学习中心说”更有道理。该学说认为，教学过程本身就是学习的过程，是师生合作完成学习任务的过程。

学用一体说是针对“教材中心”“课文至上”及“学用分离”的弊端提出来的一种学说。“学”即语言输入，“用”即语言输出。“学用一体说”强调语言输入和语言输出在语言习得过程中同等重要，要给学生充分的语言输入，同时还要让学生进行充分的语言输出，要求在学中用、在用中学、学用结合。

全人教育说认为语言教学在培养学生语言运用能力的同时，还要达成人文性目标，促进人的全面发展。

（三）产出导向法的特征

文秋芳曾专门撰文，探讨产出导向法的“中国特色”。她认为，产出导向法有四个中国特色：①包含融合课程论和二语习得论两个视角；②始终坚持“实践是检验真理的唯一标准”；③对症下药，综合施策；④强调教师的主导作用。文秋芳等人认为，产出导向法与其他教学法相比，最重要的特征是强调“语言产出”的重要性，认为其既是语言习得的出发点，又是目标。这一点也充分体现在该教学法的名称中。

（四）产出导向法的优点

产出导向法对输出的重视超过了以往任何教学法流派。以输出作为导向，有利于学生树立明确的学习目标，有助于培养学生的语言表达能力。

(五)产出导向法的缺点

产出导向法作为一种新兴的教学方法,目前还处于不断完善的过程中。关于其不足之处,学界的研究还不多。据笔者观察,该方法可能在以下几个方面存在不足:一是该方法整合了比较多的理论,这些理论之间的关系是什么?把它们整合到一起的逻辑基础是什么?这些问题还需要进一步深入讨论。二是使用该方法进行教学,每一个环节都需要有较好的操作技巧,如果操作不当,则可能产生不好的教学效果。比如,驱动环节如果操作不当,可能会打击学生的学习积极性;促成环节如果操作不当,可能会让教学过程变得零碎而缺乏系统性。三是让学生们适应产出导向法教学模式有一定的困难。

随着研究的逐步深入和实践的不断丰富,人们对产出导向法的不足之处会有更深入的认识。

本章小结

本章归纳了第二语言教学历史上主要的教学法流派,也介绍了目前还处于探索期的几种较为新兴的教学法。这几种主要的教学法流派包括语法-翻译法、听说法、交际法等,较新的教学方法包括合作学习模式、翻转课堂教学模式、产出导向法等。对于这些教学法,我们主要探讨了它们的产生和定义、理论基础、特征、优点和缺点,便于教师对这些教学法进行对比,从而选择适合自己所教课程的教学法。

第五章　汉语作为第二语言教学的教学技巧

教学技巧的使用与教学内容密切相关，针对不同的教学内容，需要使用不同的技巧，因此本章的讨论离不开对相关教学内容的介绍。汉语作为第二语言教学的教学内容，可以看成汉语语音、词汇、语法、语篇和汉字等语言要素的教学，因此本章将讨论汉语语音、词汇、语法、语篇和汉字的教学技巧。不同的教学内容在不同教学阶段的地位是不同的。为了把教学内容问题说清楚，我们需要讨论各语言要素教学的地位。

一、语音教学的地位、内容和技巧

（一）语音教学的地位

语音是语言的外在表现。对第二语言学生语言水平的评价，首先体现为对其语音面貌的评价。我们说某个外国学生汉语好，首先指他的发音不错。语音学习是整个语言学习的基础，如果学生语音学得不好，即使词汇量再大、语法再熟练，人们一般也不会认为他“汉语很好”。因此语音教学在汉语教学中占有重要位置。

语音教学贯穿于整个汉语教学的始终——无论是初级阶段还是高级阶段，都要进行语音教学；即使在学习词汇、语法时，也不能放松语音学习。学生训练词语和语法时，如果发音不标准，需要适当纠正。叶军曾指出，目前对外汉语的语音教学存在三大问题，其中第一大问题就是“短暂的语音阶段后，语音教学很大程度上被架空甚至放弃，中、高级阶段语音教学的目的不明确，没有好办法”[①]。但这并不是说语音教学在各个阶段的地位和作用是一样的。总体而言,语音教学在汉语教学的初期阶段最为重要,在后期的重要性则有所降低。

(二)语音教学的内容

语音教学有两种教学模式:从大到小(从语流到音素)和从小到大(从音素到语流)。无论采用哪种模式,都需要学习一些必要的语音知识。

1. 音节

音节无疑是汉语作为第二语言教学的语音教学中最重要的内容。音节是语流到音素的中间站,无论使用哪种教学模式,它都是最不可忽视的教学内容。学生学习一个个汉字,实际上就是在学习一个个音节。汉语音节大约有 400 个(不含声调),绝大部分会出现在初、中级阶段。

进行音节教学时,需要把汉语音节的拼写规则教给学生。比如,汉语中的 i、u 单独作零声母音节的韵母时,拼写时需要添加 y 和 w;如果 ü 单独作零声母音节的韵母,则需要将它变为 yu;如果音节中 i、u、ü 做韵头且没有声母,要把 i、u、ü 改写为 y、w 和 yu。这些拼写规则不难理解且十分重要,适合选为教学内容。汉语音节的拼写规则还包括 j、q、x 后面 ü 的使用,iu、ui、un 中韵腹的省略,隔音符号的使用等,这些都应选为教学内容。

“四呼”不应该作为汉语作为第二语言教学的教学内容。“四呼”即开口呼、齐齿呼、合口呼和撮口呼,是按照韵母开头介音分的音节类型。“四呼”能跟不同发音部位的声母产生不同的组合。了解“四呼”有助于发现汉语声韵组合规律,也有助于了解汉语音节的整体面貌。不过,这些对于外国学生的汉语发音帮助并不大,所以我们认为没必要向学生讲“四呼”的知识。

此外,y、w 在音节中实际上起到“隔音”的作用,这一点也可以不作为教学内容。不过如果学生主动询问相关问题,那么教师就应该向学生做出一些

① 叶军.《对外汉语教学语音大纲》初探[J].云南师范大学学报,2003(4):62.

解释。

2.音节的组成成分

(1)声母

汉语音节由声母、韵母、声调三个部分组成。声母教学是语音教学的重点,也是难点比较集中的部分。分析声母可以从发音部位和发音方法两个方面进行。从发音部位来看,汉语语音分为双唇音、唇齿音、舌尖前音、舌尖后音、舌面音和舌根音等类型;从发音方法来看,汉语声母分为塞音、擦音、塞擦音、鼻音、边音等类型;根据是否送气分为送气音和不送气音;根据发音时声带是否振动分为清音与浊音。这些语音学知识不必教给起始阶段的外国学生,但教师可以根据发音部位和发音方法将声母分成不同组群进行教学。在教学的时候,要有意识地把发音相似的声母放在一起进行对比。这样可以收到事半功倍的教学效果。以下是几组在教学中需要特别注意的声母。

首先,b、p/d、t/g、k。欧美学生发 b、p/d、t/g、k 等音时会遇到困难:他们常常分不清 b 与 p、d 与 t、g 与 k。究其原因,是因为送气、不送气在汉语中是有区别意义的,而在英语等印欧语言中却不是区别性特征,其结果就是欧美学生对送气和不送气不敏感,如是读['stu:dnt]还是读[st'u:dnt],对欧美学生来说,并没有太大的区别。东南亚学生发 b、p/d、t 时问题一般都不太大;g、k 有人有问题,有人没问题。一些生活在越南南部的学生分不清 k 和 h。

其次,j、q、x。在很多语言中都有 x 这个音或者有与 x 接近的音,所以 x 的发音相对来说会容易一点,不过也有越南、泰国学生会把 x 读成尖音/ɛ/。对留学生来说,更难分清的是 j 和 q,因此这组音的教学顺序可以安排成 x、j、q。泰国学生普遍不能较好地发出 q、c、ch 这几个送气音,他们通常会读成 x、s、sh。

再次,r、l。日本学生经常会分不清 r、l 这两个音。这很像中国的一些方言区。有趣的是,方言区的人分不清的音,往往在外国人身上也会有体现;而反过来就未必如此,比如泰国学生会把 q 发为 x,目前我们没有发现哪个方言区存在 q、x 不分的情况。

最后，z、c、s/zh、ch、sh。这两组音被称为平舌音和翘舌音，对于外国留学生来说是比较困难的，而 zh、ch、sh 更是难以正确发出。这一点在绝大多数留学生中都普遍存在。

(2)韵母

汉语作为第二语言教学的语音教学中相对容易的是韵母，因为韵母以元音成分为主，而元音比较容易模仿。韵母的教学只要把所有单韵母、复韵母和鼻韵母的发音方法教给学生即可。个别有一定难度的韵母，则需要重点教学。

首先，/i/、/ɿ/、/ʅ/。这三个元音是汉语中三个不同的音位[①]，多数学生对于这三者的听辨并没有什么困难，学生觉得困难的是 i 在具体场合下到底读什么音，以及如何发音。有些越南学生会把-i(/ɿ/)读成舌面后不圆唇元音。

其次，/ε/。若给出示范，并讲解发音部位、发音方法等，则大多数国家的学生都能发出这个音。但越南学生在发这个音时，舌位往往会靠后，发出的-i(/ɿ/)音接近于/ə/。比如，“姐姐”的“姐”/tɕiε/，越南学生总是把最后的/ε/发错，发出的音类似于/ə/。

再次，ü。对外国学生来说，i、u、ü 这组韵母中最难的是 ü。他们通常很难发出这个音，因为在他们的语言中大多没有这个音。ü 在发音部位上跟 i 一样，在唇形的圆展上跟 u 一样，所以学生常把 ü 读成 i 或 u，或者干脆读成 iu。

最后，n 尾和 ng 尾鼻韵母。汉语中有 8 个 n 尾鼻韵母和 8 个 ng 尾鼻韵母，它们数量较大，且是某些语言中所没有的。不过它们的发音相对容易，若学生经过一定量的训练，则不难学会。

(3)声调

与多数印欧语言相比，声调是汉语的一个特点，也是学生学习的难点。某种程度上说，声调比声母、韵母更能决定学生的语音面貌，但声调教学的重

① 也有学者认为三者可以归属两个或一个音位，此处不赘述。

要性尚未引起充分重视。

汉语的声调包括四个声调和一个轻声。声调的本质就是音节内的音高变化。音高是声调学习不能回避的内容,学生理解了音高的本质,就容易学会声调了。然而,音高这个概念本身没必要教给学生。声调教学还包括声调符号的书写规则。调号应该标在韵母的主要元音上面,标调顺序为:a→o→e→i/u→ü,i和u共现标示在后,i上面写声调时,它上面的点需要删去,这些都是学生需要掌握的知识。轻声通常也被看成汉语的一个声调,虽然它并非独立的声调,并且轻声本质上是音强而非音高。有关轻声的知识将在下一部分详述。

总之,音节教学内容包括声母、韵母和声调的教学。值得注意的是,语音教学不是语音学教学,不能过多地把语音学术语教给学生,除非它在教学中极为有用,比如声母、韵母、声调等基本术语。

3.语流中的语音现象

有时候学生可以把某个音节(包括其声母、韵母和声调)读得很标准,但是却不能把完整的句子读标准。在实际交际中,音节连着念时,声韵调会发生一些特殊的变化,这种现象叫语流音变。汉语的语流音变主要包括变调、轻声和儿化等。其中,变调又分为上声的变调、去声的变调、“一、不”的变调、形容词重叠变调等。语流音变知识没有很难理解的术语,都适合进行教学。像轻声、儿化这样的术语也可以教给学生,以便于以后的教学。

轻重音教学是最容易被忽略的内容。轻重音教学不仅包括轻声,还包括过去没有引起足够重视的双音节或多音节的重音位置问题。普通话中,超过70%的双音节词语的发音规则是前轻后重,即前一个读得较轻,后一个读得重,例如“水果”重音在“果”上。三音节以上的词语发音规则也是前轻后重,重音在最后一个音节上,例如“笔记本”的重音在“本”上。

前重后轻的情况一般仅见于第二个音节为轻声音节的时候,比如“葡萄”“橙子”。一个词语中,轻声字在非轻声字之后。不同声调的非轻声字后,轻声的音高并不相同。轻声的音高受非轻声字音高的影响,因此轻声字并没有固定的调值。轻声的音高变化无须列入教学内容。轻声教学需要做的是，把必读轻声词和非必读轻声词一个一个地教给学生，让学生学会积累轻声词。

语篇中的停顿、连读、重音和语调是中、高级阶段语音教学的重要内容。由于生理或表情达意的需要，有声语言的语流需要有适当的中断，即停顿。语流中的重音是指说话或朗读过程中，某些词语需要重读的现象。重音有语法重音和强调重音两种，其中强调重音是学生比较容易接受和掌握的，而语法重音对于学生来说则比较不好理解，教师可以考虑从信息传递的角度来解释和教学，即：语法重音常处在谓语、宾语、定语、状语等位置，这些成分基本都是新信息所处的位置，而新信息通常是交际双方关注的焦点，需要重读。语调方面，常用的语调有平调、降调和升调等。平调表达舒缓语气，降调表达肯定、强调语气，升调表达疑问等语气。汉语的语调在初级阶段学习疑问句、祈使句等语法点时就要学习；中、高级阶段需要根据学生的习得情况进行强化，巩固学生正确使用语调的能力。

(三)语音教学的技巧

1.示范法

示范法是一种教师示范发音、学生模仿发音的方法。教师采用示范法进行教学时，需要引导学生认真听辨自己的发音，同时注意观察自己的口型。示范法是最常见，也是最容易实施的方法。人类学习母语的过程，就是一个模仿的过程。在这一过程中，大人一般不纠正孩子的发音，更不讲解发音方法，只是给出示范。第二语言教学自然也可以使用示范法。与母语教学不同的是，在第二语言教学实践中，教师使用示范法进行教学时，往往会有比较多的纠错行为。这一方面是因为成人①的认知能力更强，另一方面是因为从某些角度看，成人的模仿能力要弱于儿童。

2.讲解法

音位有元音音位和辅音音位两种。元音音位的区别主要在于发音时口

① 第二语言的学生大多是成年人。

型的不同。口型有前后(舌位)、高低(舌位)、圆展(唇型)的区分。辅音音位的区别主要在于发音部位和发音方法不同。发音部位通常指发辅音时,气流在口腔中成阻的位置。发音方法指发辅音时气流成阻和除阻的方式。作为汉语教师,我们应该熟悉舌面元音图和辅音表,清楚地知道每一个音的发音特征。

讲解法是指教师通过介绍发音时的口型或发音部位、发音方法①等来教授学生语音。采用讲解法进行教学时,可配合使用口腔挂图。教元音时,教师需要告诉学生发音器官处于什么位置、应保持什么状态;教辅音时,教师需要告诉学生发音时口腔中哪个地方构成阻碍、应怎么破除阻碍。讲解法往往要与示范法配合使用,一般不能只讲解不示范。讲解法的优点在于它能帮助学生从根本上理解发音的方法,学生一旦学会,就不容易再犯错误。笔者曾给中级阶段汉语言专业的留学生讲授“现代汉语语音”课,其间经常使用讲解法,效果很好,学生不仅学习到了语音学知识,还有效改善了语音面貌。

讲解法的缺点也是显而易见的。若在初级阶段使用讲解法,则会受到很多限制。该方法要求教师能够很顺畅地与学生进行沟通。如果教师不懂学生的母语,而学生的汉语水平又太低,那么学生就可能听不懂教师的讲解。针对讲解法的弊端,笔者曾对讲解法进行过一些完善:让那些汉语水平较高、能听得懂老师讲解的学生用其母语来给本国同学介绍如何发音,收到了很好的效果。

3. **图示法**

图示法是利用静态图片或动态图片来进行教学的方法。图片是汉语教学中常用的教具。图片直观、形象,可以代替啰唆的讲解,使学生瞬间明白如何发音。讲解发音部位,通常需要配合使用口腔图片。g、k 的发音对很多国家的留学生来说都是学习的难点,因为 g、k 是舌根音,舌根是不容易控制的,所以发音难度相对较大。特别是 k,它既是一个舌根音,又是一个送气音,两

---

① 教元音时,介绍口型;教辅音时,介绍发音部位和发音方法。

者都不容易学,结合到一起对留学生来说就更加困难了。对于那些母语中有喉音和小舌音的留学生来说,g、k 的发音尤其困难。因为他们会尝试在喉咙里发舌根音,发音部位很靠后。有一个规律值得关注:汉语发音的区域基本上集中在口腔之内。英语的发音部位更靠后靠下,俄语中有从喉咙里发出来的小舌音,泰语中也有类似的音。母语是这些语言的留学生在发舌根音的时候,有时会不由自主地用喉音或小舌音来代替它们,这样就容易产生偏误。这些音的差异可以通过图片的对比明示出来,便于学生快速理解掌握。

随着计算机技术的发展,动图的出现让我们有可能把发音过程动态地展示出来。例如,复元音韵母 ai、ei、ao、ou 的发音,有一些方言区的人和外国学生会把它们发成单元音,忽视了两个元音间的"动程",而使用动图法则可以完整地展示出复元音韵母的发音过程。

4. 带音法

带音法是指用第二语言中已经学过的音或学生母语的音带出另一个发音部位、发音方法相近的音。比如,印尼学生发 r 比较困难,但是他们能够发出 sh。那么,我们就可以用 sh 音带出 r 音。当然,这么做的原因是 r 跟 sh 比较像:sh 和 r 发音部位相似,区别主要在于前者是清音,后者是半浊音。在教学的时候,教师可以先让学生发出 sh 来,然后保持发音部位不动,拖长音程,振动声带,使声音由轻变浊,便能自然地发出 r 来了。

对于 ü 的教学,最合适的方法或许就是带音法:可以用 i 带出 ü,也可以用 u 带出 ü。i 和 ü 的区别是:ü 是前高圆唇元音,i 是前高非圆唇元音。教师可以先带着学生发出 i,然后再引导学生保持舌位不动,唇形由展变圆,进而发出 ü 音。u 和 ü 的区别是:u 是后高圆唇元音,ü 是前高圆唇元音。教师可先带学生发出 u,然后引导学生保持唇形不动,舌位由后向前,进而发出 ü 音。不过我们认为,由于唇形的圆展更易于示范,采取由 i 带出 ü 的方法可能更为合适。

5. 吹纸法

吹纸法的操作方法是:取一片薄纸,放在嘴前,分别发出送气音和对应的不送气音，观察纸片受到的影响，了解送气音和不送气音的区别。当我们采用吹纸法教学 b、p 时，会发现发 p 音时纸片会被吹起，而发 b 音时纸片不会被明显吹起。教 d、t 时，可沿用教 b、p 时的技巧。但是 d、t 是舌尖前音，没有双唇音好发音，所以 d、t 比 b、p 难一点。吹纸法的应用范围有限，一般只用在送气音的教学中。

6. **体势法**

体势法是使用手或者头来模拟发音部位的运动或者表达某种含义的教学方法。体势法包括手势法和头势法。手势直观、简洁，容易理解。比如用手势法来讲解前舌音、后舌音，做法如下：两只手手腕相贴，掌心相对，其中一只掌心向下，模拟上颚，另一只掌心向上，并前后伸缩，模拟舌头，表示舌头位置的变化。手势法还可以用于声调教学：声调的调形可以用手势的方向来表示。不过，由于一般的教学中，教师是面对学生站立的，所以，用手势模拟音高变化时最好用左手模拟，因为这样可以与学生的手势方向保持一致。头势法的基本原理与手势法相似，不同点在于头势法用头部运动来表示音高曲线的变化。教学实践中对声调的教学可以轮换使用手势法和头势法，以增加变化，避免单调。

不仅教师可以使用体势法进行教学，也可以让学生使用体势法来回答问题。范式如下：教 z、c、s 的时候，完成初步的教学之后，教师可以把它们写到黑板上分别标注 1、2、3，即 1 对应 z，2 对应 c，3 对应 s。教师演示发音，让学生辨音，当学生听到 z 时，要求学生伸出一根手指（一根手指表示 1）；当听到 c 时，要求学生伸出两根手指（两根手指表示 2）；以此类推。还可以反过来，教师伸出不同数量的手指，然后让学生发出对应的音。通过这样的方式，训练学生对这些音的反应能力。

7. **对比法**

对比法是将相似的两个或两组音放在一起进行对比，寻找它们的异同点，以帮助学生学习发音的方法。对比法跟带音法有相似之处，区别在于：带音法的前音只是个“脚手架”，当后音学会后，就不管前音了；而对比法是在二者的对比中，深刻理解两个音的异同之处。带音法重点在后音，对比法则两个音都很看重，便于成组学习和记忆。

比如在 z、c、s、zh、ch、sh 的教学实践中，教师就比较乐于使用比较法。在这六个音中，最简单的是 s，因为 s 是舌尖前、清、擦音，大多数语言中都有，比如英语“student”中的/s/。几乎所有国家的留学生学 s 时问题都不大，所以应从 s 教起。z 是不送气的塞擦音，c 是送气的塞擦音，相对而言，z 更容易，所以教完 s 后，应接着教 z，然后才教 c。这些学习完以后，教师应该把这三者放在一起进行比较练习，这样可以尽量避免学生对它们产生混淆。在 z、c、s 发音掌握以后，可以将它们与 zh、ch、sh 进行对比教学。可以分别用 s-sh、z-zh、c-ch 进行对比教学，也可以用 sh-zh-ch 进行对比教学。当然对比法的使用也离不开别的方法，比如示范法。语音教学技巧常常是配合使用的。

进行对比教学时要注意最小对比对的选择。比如要对 n 尾鼻韵母和 ng 尾鼻韵母做对比发音的话，则不太合适选用 an 和 ang，因为 an 和 ang 中的 a 虽然同属一个音位，但是它们是不同的条件变体，分属前元音和后元音，是不同的元音音素①，选择这两个音不能形成“最小对比对”。相反地，en 和 eng 中的元音 e 一样，而且央元音/ə/很容易发出来，适合拿 en 和 eng 做发音对比。

二、词汇教学的地位、内容和技巧

（一）词汇教学的地位

词汇是语言的“建筑材料”，无论是阅读还是表达，都需要有足够的词汇量，因此，词汇教学在汉语作为第二语言教学中占有十分重要的位置。然而，这并不意味着在整个汉语作为第二语言教学的过程中词汇教学的地位是一

① 如果一定要将 an 和 ang 放在一起进行比较，那么除了对比 n 和 ng 外，还应说明[a]和[ɑ]的区别。

成不变的。实际上，教学阶段和课程不同，词汇教学的地位就会有所不同。初级阶段，语音教学和语法教学十分重要，词汇教学的地位并没有那么凸显；但到了中、高级阶段，语音和语法规则基本学完以后，扩大词汇量就成了首要任务。就课型来说，综合课是听、说、读、写的全面学习，自然离不开词汇的教学。阅读课（特别是中、高级阶段的阅读课）会出现大量的生词，除了训练学生的猜词能力外，还必须承担扩大学生词汇量的任务。口语课的主要目的是训练学生说的技能，听力课重在训练学生听的技能，这两种课型不宜把词汇教学放在太高的位置，以免喧宾夺主——事实上，如果听力课和口语课上出现太多生词，可能会影响学生的学习兴趣和学习效果。

（二）词汇教学的内容

汉语作为第二语言的词汇教学的目标是按照教学大纲的要求，引导学生掌握一定数量的词语的读音、词义、写法（字形）和用法。这其中，掌握词语的用法是最重要的，也是最核心的。为实现这样的教学目标，需要慎重选择词汇教学的内容。

词汇的选择既涉及词汇的数量，也涉及词汇的使用频率和范围。就数量而言，二语学生不可能把目标语言中的所有词语都学完。据不完全统计，汉语中的词汇至少有四五十万。即使是汉语母语者也无法全部掌握这么多词汇，更何况是以汉语作为第二语言学习的学生呢？有人提出，以印欧语言为母语的二语学生在学习汉语时，对语音的掌握要接近100%，对语法（基本语法规则）的掌握要达到80%～90%，而对词汇的掌握则只要求达到5%。这么来看，汉语作为第二语言教学词汇量的确定，就成了词汇教学要解决的首要问题。

关于汉语常用词的统计问题，我国目前已经有了不少研究成果。根据北京语言大学的长期教学经验，要达到能满足日常生活交际的初等水平，需2500个词语左右；要达到能看懂一般性报刊新闻或者听懂一般性广播的中等水平，需要5000个词左右；要达到高级水平，即能看懂报刊上非专业性文章或者听懂非专业性广播，需要掌握8000个词左右。《汉语水平等级标准和等级大纲(试行)》明确了甲、乙、丙、丁四级词汇。其中，甲级词1011个、乙级词2017个、丙级词2140个，甲、乙、丙三级共5168个词。学界后来又编制了多个词汇大纲，比如《汉语水平词汇与汉字等级大纲》《新汉语水平考试大纲》等。这些大纲中的词表为教材编写和实际教学提供了参考。这些词汇需要在多少学时内完成，则要根据学生的学习目的和学习时间来确定。

确定词汇量以后，还得明确具体选择学习哪些词汇，或者说得明确词汇选择范围。现有的词表或词汇大纲可以作为主要参考。这些大纲通常是根据使用频率筛选出来的，同时经过了专家审议，进行了必要的取舍和增补，具有一定的科学性。编写教材时可以根据课文的语料，参照这些词表进行适当的替换。课堂教学中也要根据教学实际，以教材为基础，参考词表对所教词汇进行必要的调整。

(三)词汇教学的技巧

1.翻译法

翻译法是直接把词语意思翻译出来，帮助学生了解词义并为理解用法做好准备的方法。如果学生母语和目的语的词汇能够建立起对应关系，那么就特别适合使用翻译法进行教学。比如"幸亏"一词，有时即使教师解释得再多，学生也不能很好地理解，但如果直接用"luckily"解释，也许学生一下子就明白了。用翻译法进行词语教学对越南学生尤其有立竿见影的效果，越南语中存在大量汉越词。例如"希望"是个抽象名词，不好解释，如果直接给出"hy vọng"的越南语翻译，学生不仅能快速理解，还能促进词语记忆。可见，翻译法有时候还是比较实用的。

不过，不同语言中的词汇，虽然可能有一定的对应关系，但义项往往不是完全相同的，即使最信、达、雅的翻译也未必能完全尽显其义。不恰当的翻译可能会造成误解，进而导致偏误的发生。例如讲解"见面"一词时，可以用"meet"一词帮助学生理解，但应告诉学生这两个词之间的差别："见面"的英文翻译是“meet”，但是“meet”是及物动词，后面可以接宾语，例如“I’ll meet you tomorrow”。但是“见面”后面是不能直接带宾语的，我们不能说“我见面你”。对于这些区别，如果教师不加以讲解，那么学生就会误以为它们是完全对等的，将会受到母语负迁移的影响，造出类似于“我明天见面你”这样的错句。运用翻译法进行词汇教学时除了要注意给学生讲解不同词语之间的区别外，还应让学生进行大量的练习，以免产生误用。

翻译法的局限在于，它要求课堂上的学生来自同样的母语背景，或者懂同样的语言，否则翻译法的使用就会大大受限。目前汉语作为第二语言教学常用英语来翻译汉语词语，但这对不会英语的学生来说有失公平。笔者在教学中就曾遇到学生反映说，他的英语不好，希望教师不要用英语来解释词语。

2. 直观法

直观法是一种通过展示实物、图片、视频或动作来让学生理解词语意义的方法。采用直观法进行教学，可以省去很多复杂的解释，具有形象、生动、具体、简洁、高效等优点。例如，曾有学生问汉语教师：“娃哈哈是什么？为什么叫娃哈哈?”教师如果将“娃哈哈”饮料实物或图片展示给学生看，并告诉他们“娃哈哈”是饮料品牌的名称，就像“可口可乐”一样，学生就会立刻明白；当然，如果教师想解释得更加准确一些，还可以进一步补充说明“娃哈哈”这三个字还含有“小孩儿笑哈哈”的意思。如果同时提供一张小孩儿在笑的图片则更能加深学生对该品牌的印象。

直观法特别适合用于解释语义比较实在的实词，尤其是名词和动词。在解释名词，比如水果、动物、日常物品时，可以采用实物、图片、视频等方式进行解释；在解释“跑步”“做运动”“打篮球”等动作性词汇时，教师可以采用身势模仿的方式进行教学，也可以播放相关动态图片或者视频来进行教学；而解释“正直”“品德”“操守”等抽象词汇时，则通常不能采用实物、图片或视频展示的方式进行教学。

直观教学法的局限就在于它一般只能应用于表具体事物、动作的词语的教学，而汉语词汇中有大量表达抽象意义的词汇，这些表达抽象意义的词汇一般很难用直接展示的方式进行教学。

3.情境法

汉语词汇的词义及其用法在很大程度上与语境有关，因此在进行汉语词汇教学时，教师也要借助于现有语境或尽量创设情境来阐释词义。通常在解释比较复杂或容易混淆的词语的时候，教师就可以通过给出语境的方式来解释。例如，“家”的两个含义（家庭和住所）既相互区别又相互联系，不容易解释，那么，就可以在情景中解释：“我家有五口人”中的“家”为“家庭”；而“我明天回家”中的“家”为“家庭住所”。情境法又具体可分为两种类型：上下文语境法和真实情景模拟法。

（1）上下文语境法

汉语作为第二语言词汇教学不能单纯地讲解词汇，因为这样不容易被学生理解，也不利于记忆；应该尽量将词汇与上下文语境结合起来进行讲解。以“骄傲”一词的教学举例。

例 A：我的祖国越来越富强，我为自己是个中国人而骄傲。

例 B：他取得了点成绩，就骄傲起来了。

上面两个例句中都用了“骄傲”，但是意义却不同，例 A 中的“骄傲”是“自豪”的意思，是褒义；而例 B 中的“骄傲”则是“自满”的意思，是贬义。如果没有上下文，我们就无法辨别“骄傲”的意思是哪个了。如果一股脑儿地将“骄傲”的意思全部告诉学生，但不给出具体的语境，学生就可能会感到困惑，无法理解其具体的用法。

（2）真实情景模拟法

真实情景模拟法是汉语作为第二语言教学常用的教学方法。这一方法既可以运用到词汇讲解环节中，也可以运用到词汇练习环节中。例如，当讲解“礼物”“派对”等与聚会相关的词汇时，可以模拟聚会情景进行教学；在讲解“旅游”“旅途”等与旅游相关的词汇时，可以创设旅游情景进行教学；在讲解“左边”“右侧”“拐弯”等与方位相关的词汇时，可以创设问路的情景进行教学;在讲解“讨价还价”“便宜”“昂贵”等词汇时,可以创设购物场景进行教学。

上文提到的“幸亏”一词也可以用这个方法来解释。教师给出这样一种语境:当你在室外的时候,天突然下雨了,但是你的衣服没有淋湿,因为你带了伞。在这种语境下就可以说:“下雨了,幸亏我带了雨伞,所以没有淋湿。”在此基础上,教师可以总结:本来会有不好的情况发生,但因为某一个原因,原本以为会出现的不好的情况最后并没有出现,这时候我们就可以用“幸亏”;“幸亏”是个带有关联作用的副词,一般作状语,常用在后一小句主语的前面或主谓之间……这样解释,学生就能理解这个词的意思和用法了。

真实情景模拟法适合初、中级汉语学生,它易于实施,能够给课堂增添乐趣。将真实情景模拟法运用到汉语词汇教学中,不仅可以帮助学生更好地理解词义、正确地使用词汇,还可以引导学生快速进入学习状态。不过,真实情景模拟法有时花费时间较多,使用时需要注意课堂效率。

4. **以旧释新法**

以旧释新,就是用学生已经学过的词语或句子来解释还未学过的词语。例如,学生已经学过“爸爸”一词,这时候可以用“爸爸”一词直接来解释方言词语“爹”,告诉学生“爸爸”就是“爹”。这种方法的优点是直截了当,避免过多解释给学生带来的困惑。不过汉语中意义用法完全等同的词语很少,用这种方法虽然可以让学生快速理解词义,但也会导致旧词对新词产生负迁移影响,使学生误用新词。因此必须辅以其他方法,指明二者的不同。

5. **语素义法**

词语的基本构成单位是语素,语素中既有能直接成词的“成词语素”(如“人”),也有不能直接构成词的“不成词语素”(如“民”)。不成词语素必须与其他语素组合才能成词,不能单独使用;成词语素既可以跟其他语素组合成词(如“人民”),也可以单独使用。现代汉语语素大多是单音节的,而词则是双音节词占多数。双音节词中,合成词占多数。合成词由语素与语素组合而成,它的词义与语素义密切相关。对于语义透明度高的词语来说,了解语素义也就基本掌握了词义。通过语素义来学习词语是一个效率很高的方法，例如“变质”一词，在学习过“变化”和“品质”以后，也就大概了解了语素“变”和“质”的语义，只要稍加点拨，学生就能很容易理解“变质”的词义了。

在词语教学中，常常需要将有相同语素的词语罗列在一起，让学生自然地理解语素的意义，这么做往往能够起到事半功倍的效果。以“保”为例，HSK1－6级词汇中含这个语素的生词有“保持、保存、保管、保护、保留、保密、保姆、保守、保卫、保险、保养、保障、保证、保重”等14个之多，在某个合适的时机将这些词语中的一部分拿出来一起展示，有助于学生理解并记住它们。

6.对比分析法

汉语中存在着大量的同义词、近义词和反义词，它们或彼此一致，或彼此相似，又或相互对立，关系纷繁复杂。孤立地对这些词语进行讲解，学生不易理解且容易混淆；但若将它们放在一起进行对比分析，则能够在很大程度上解决学生不易理解且容易混淆的问题。比如，将“二”和“两”、“依然”和“仍然”、“忽然”和“突然”放在一起进行对比，分析它们的词性、词义和用法的区别和联系，帮助学生体会细微处的差别，可以有效提升这些词语的教学效率。

7.类聚串联法

类聚串联法要求教师按某个特定主题或话题将相关词汇放在一起进行教学。放在一起的可以是同义词群（如“出现、涌现、呈现、展现、映现、闪现”）、反义词群（如“动”对“静”、“分”对“合”），也可以是类属词群（如“食物、颜色、天气现象”），将词汇串联起来讲解更利于学生对词汇的记忆和输出表达。

8.联想法

当有新信息刺激我们的大脑时，大脑能够从平时储存的信息中调取出相关资源，与之比对、匹配，从而实现对该信息的加工。这一心理机制是联想教学法的心理基础。在汉语作为第二语言教学实践中，我们可以利用这一心理机制进行词汇教学。比如，学习“夏天”这个词语时，可以有意识地引导学生往与之相关的“热”“空调”“饮料”“冰激凌”“暑假”等词语联想；学习“姑姑”一词时，可以引导学生学习或回忆同义词“姑母”或“姑妈”，或者类义词“姑父”“姑丈”“叔叔”“婶婶”“阿姨”等。再比如，学习“婚姻”一词时，可以联想“男大当婚，女大当嫁”等相关词语。“搭配联想”是联想法的一种，汉语的动词跟哪些名词搭配、名词跟哪些形容词搭配，有时候是较为固定的。例如，“爱护”与“桌椅、眼睛、树木”等，“珍惜”与“时光、友谊、生命”等。善于使用“搭配联想”进行教学，不仅可以帮助学生记忆词语，还可以让学生区别近义词语，进而提高语言表达能力。

需要说明的是，对比法、类聚串联法和联想法相互之间存在一定的关联，甚至是交叉，它们的共通之处在于它们都利用词语之间的联系来进行教学；当然，它们也彼此存在一定的区别：对比法强调词语之间的区别，类聚串联法强调词语之间的聚合关系，而联想法则不仅关注词语之间的聚合关系，还关注词语之间的组合关系。

9. 趣味歌谣法

趣味歌谣法是指以编顺口溜、唱歌谣、猜谜语等形式进行教学的方法。使用该方法进行教学，通常能够营造愉快、轻松的学习氛围。例如，为了帮助学生掌握量词的用法，教给学生这样的顺口溜：一只青蛙一张嘴，两只眼睛四条腿，扑通一声跳下水①。这样的教学可以给课堂增添很多乐趣，也能够活跃学生的课堂氛围。但是这种教学方法也有局限性：该方法更适合儿童，但是目前把汉语作为第二语言来学习的大多为成年人。成年人的思维方式与儿童不同，如果教师经常用此方法来进行教学，有可能会引起部分学生的不满。所以，教师在教学的时候，要把握好不同年龄段、不同国别背景学生的心理；同时，还应该注意的是，这种教学方法较为浪费时间，课堂效率不一定高，可以作为一种偶尔使用的调节气氛的教学方法，但不适合作为一种常用的教学方法。

① 该例子引自网络。

10. **查阅工具书法**

查阅工具书法是学生通过查阅工具书来理解词义、掌握词语用法的一种方法。这种方法在预习或自学中有广泛的运用空间。特别适用于那些义项相对单一，用法不是特别复杂的词语的学习。比如，“肺”“肥皂”“蜂蜜”“蜜蜂”等义项较少的实词。对于那些相对复杂的词语，可以采用“查阅工具书+教师点拨”的方法进行教学，这样一方面可以提高课堂效率，另一方面可以保证学习质量，获得事半功倍的效果。

三、语法教学的地位、内容和技巧

（一）语法教学的地位

不同的教学法流派对语法教学地位的认识不同。其中，语法-翻译法、听说法非常重视语法教学。语法-翻译法以翻译为主要练习方式，以语法为主要教学内容。听说法又叫句型法，主要练习方式是扩展和替换，以句型为基本单位不断地对学生进行操练。相对于语法-翻译法和听说法，交际法认为语法教学本身并不是目的，包括语法教学在内的所有教学行为都应以培养学生的语言交际能力为目标，因此，只要学生能够形成语言交际能力，有没有掌握语法本身并不重要。由此看来，交际法对于语法教学地位的判断要明显低于语法-翻译法和听说法。当然，交际法并不是认为语法教学不重要，只是不像语法-翻译法和听说法那样反复强调罢了。最不重视语法教学的是自然法。自然法把第二语言学习完全等同于第一语言学习，认为：既然儿童的第一语言学习不需要父母教语法，那么成人的第二语言学习也不需要讲语法。自然法对语法教学地位的看法是比较极端的。

当今的汉语教学实践普遍采用的教学方法实际上是以交际法为核心的综合教学法。交际法虽然没有那么重视语法教学，但也没有认为语法教学不重要或者忽视语法教学，大多数教师都还是认可语法教学地位的。我们认为，当不讲语法学生也能很好地交际时，就不要讲语法；但当讲解语法能提高学生的学习效率、有效提升学生的语言交际能力时，就要教语法。

语法教学在不同课型里的地位是不一样的。综合课上语法教学比较重要；专项技能课上，语法教学的地位要低得多。之所以如此，是因为专项技能课中出现的语法点理论上学生应该已经在综合课上学过，专项技能课的任务只是对这些语法点进行进一步的练习。

（二）语法教学的内容

语法教学的内容需要根据学习阶段来确定。徐晓菲在《对外汉语语法教学浅议》中认为，初级阶段所讲的语法为形式语法，讲究句法结构，强调对句型、词序的掌握，该阶段的教学是语法模式教学；中级阶段所讲的语法侧重语义语法，注意句中成分的语义关系及语义搭配；高级阶段所讲的语法侧重语用功能语法，着重语用的选择和词语的运用，目的在于表达得体。

初级阶段，学生学习的主要语法内容是一些基本的句型、句式和最常见的虚词。之所以如此，是因为初级阶段要培养学生初步的汉语交际能力，而初步的汉语交际能力高度依赖学生对基本句型、句式和最常见虚词的掌握。只有掌握了这些句型、句式和最常见虚词，学生才有可能说出或理解一些符合汉语规范的句子，才能够进行基本的交际。所以在初级阶段，教师会花较多的时间来讲解“是”字句、“有”字句、存现句、补语结构和“把”字句等句型、句式和结构。

到了中、高级阶段，语法教学的主要内容开始发生变化。中、高级阶段最重要的教学内容是虚词。汉语中重要的句型句式是有限的，初级阶段能够把这些句型、句式基本学完。于是，到了中、高级阶段，主要的教学任务就变成虚词教学了。北京大学李晓琪曾对汉语中常用的虚词进行统计，发现约有四百个虚词被列为基本虚词[①]，这四百个虚词比较复杂，初级阶段只会学习一小部分，大量的虚词要到中、高级阶段才会继续学习。

---

① 李晓琪．论对外汉语虚词教学[J]．世界汉语教学，1998(3)：34－39．

总之，初级阶段以基本的句型、句式和最常见的虚词教学为主，中、高级阶段以虚词教学为主。

（三）语法教学的技巧

相较于词汇，语法更具抽象性，教师不容易讲授，学生也不容易理解，因而，语法教学更需要技巧。我们可以采用多种方法进行语法教学。

1. 公式法

公式法是运用公式概括句子结构的方法。例如，“把”字句可以公式化为“A 把 B＋VP”，可能补语可以公式化为“V_1＋得/不＋V_2/A”。教师可以用归纳法或演绎法两种方式进行教学。归纳法是先给出例句，然后再将这些例句抽象化为公式；演绎法是先直接给出公式，再让学生根据这个公式给出具体的例句。公式法多用于句型的学习，其优点在于清晰易懂，便于学生记忆、掌握。

2. 对比法

对比法可以是汉外对比，即将汉语与外语（学生的母语）进行对比，显示两种语言相关语法点的异同，如“常常”与“often”的对比；也可以是汉语内部的对比，例如“刚才”和“刚刚”的对比。需要说明的是，“刚才”和“刚刚”通常出现于不同的课文中，如果先学“刚才”，教师可以单独讲解它的意义、词性和用法，等到讲解“刚刚”的时候，再把它与“刚刚”放在一起进行对比，这样可以帮助学生把两个词语分辨清楚。

3. 形象法

形象法是利用图片、图示或动作等形象的手段导入、解释语法点的方法。例如，在比较句教学中，含“比”“不比”的比较句，可以通过举出例句，同时通过图片或图示对比的方式来进行解释。

在讲解趋向补语时也可以采用形象法。趋向补语通常由趋向动词来充当，表示事物移动的动作趋向，常见的趋向动词有“来”“去”“上”“下”“进”

"出""回""过""起""来",以及"上来""上去"等。讲解时,教师可以先用动作演示,再采用图示法,以直观的方式展示该语法难点,帮助学生理解。

4. 以旧带新法

以旧带新是指利用语法点之间的关联性,在回顾旧语法点的基础上,通过揭示新旧语法点之间的区别和联系,帮助学生掌握新语法点的方法。例如,"被"字句和"把"字句有紧密的联系(很多时候,二者可以互相变换),因此,在教学的时候,可以先让学生复习"把"字句(一般的教材都是将"把"字句的教学安排在"被"字句之前),然后让学生明白"把"字句和"被"字句之间的转换关系,进而帮助学生全面掌握"被"字句。以旧带新法跟对比法的区别是:前者旨在帮助学生掌握新语法点;后者更关注相关语法点的异同,旨在让学生知道这些语法点之间的区别和联系。

5. 情境法

情境法就是通过创设适当的情境,让学生在真实或模拟的情境中就某一/些语法点进行练习的方法。例如,如果想让学生掌握"有点儿""一点儿"的用法,就可以创设这样的情境:让两个学生模拟购物(买衣服)场景,一人扮演售货员,一人扮演购物者,二人就衣服的大小进行交流。

购物者:这件衣服有点儿大,有小一点儿的吗?

售货员:有小一点儿的,但是颜色不一样。

……

类似于这样的练习,不仅有助于培养学生的语言交际能力,还能增强学生的学习兴趣。

6. 扩展法

扩展法就是给出可用于造句的语言材料(包括词和短语),让学生使用所提供的语言材料,根据一定的语法规则组成短语或句子,并对所造的短语或句子一层一层地进行扩展、延伸的方法。扩展法可以帮助学生理解语法的递归性和层次性,使学生能够说出更长、更复杂的句子。例如,利用扩展法造如下双宾语句：

给→给我→给我一本书→他给我一本书。

扩展法方便、实用，是一种简单易行的语法练习方法。

四、语篇教学的地位、内容和技巧

（一）语篇教学的地位

在汉语作为第二语言教学实践中，我们发现学生用汉语说话、写作时，即使使用的每一个句子都是合乎语法的，也常会出现“前言不搭后语”的情况。这很可能是因为学生虽然掌握了字、词、句的用法，但是还不具备很好的篇章表达能力。这提示我们，语言交际能力的培养不仅要进行字、词、句的训练，还要注意语篇表达能力的培养。因此，语篇教学在汉语作为第二语言教学体系中占有重要地位。需要说明的是，提高学生的语篇表达能力是一项系统工程，我们不能寄希望于“毕其功于一役”，而是要做好长期努力的准备。

（二）语篇教学的内容

语篇教学的核心目的是培养学生的语篇理解能力和语篇表达能力，因而语篇教学的内容应该包括两个方面：一是语篇理解教学；二是语篇表达教学。语篇理解教学是指引导学生分析、理解语篇，培养学生语篇理解能力。语篇表达教学是指引导学生恰当运用语言，培养学生能说出或写出符合汉语表达要求的话语篇章。语篇理解教学的基本要求是帮助学生理解语篇，重点是分析语篇的结构方式（即句子或段落组成篇章的方式）和重点词句（包括难词难句和好词好句、新词新语等）。语篇表达教学的重点有两方面：一是讲解篇章衔接、连贯手段的使用方法，帮助学生学会建构完整、流畅、合乎逻辑的语篇；二是讲解好词、好句的使用方法，帮助学生学会优美地表达。

(三)语篇教学的技巧

1.语篇理解的技巧

相对于词汇和语法点,语篇的容量更大。外国学生学习语篇的难度通常比较大,教师在教学过程中应注意采用合适的教学方法和技巧。

(1)分析篇章结构

分析篇章结构有助于学生把握文章的整体框架,理解篇章的逻辑、脉络和基本思想,因此,教会学生分析篇章结构是帮助学生理解篇章的重要方式。

篇章不同,文章的组织模式往往也不同。有的文章按总-分-总的模式组织,有的文章按照总-分-分的模式组织,还有的文章按分-分-总的模式组织;有的文章按时间顺序组织结构,有的文章按空间顺序组织结构;有的文章按问答式安排结构……教师应让学生了解常见的篇章结构有哪些,并教会其如何在实践中具体分析篇章的结构。

(2)寻找关键词语

语篇结构常能通过一些关键词语体现出来。在语篇教学中,关键词语的学习通常能起到提纲挈领的作用。关键词语有很多种类型,最常见的是起关联、衔接作用的词语。这些词语能够标示句子或段落之间的逻辑关系(包括因果、转折、让步、假设、条件、递进、并列等多种关系),常见的有:因为……所以,虽然……但是,宁可……也不,即使……也,既然……就,等等。其他能起关联、衔接作用的词语/短语还有很多,比如,表示层次的词语"首先、其次、再次、最后""第一、第二……",表示解释的短语"这就是说、也就是说、换句话说、就好像",表总结的词语/短语"总之、总而言之、总体来说、综上所述、一言以蔽之",表举例的词语/短语"例如、比如、比方说、举例如下、举一个例子",表指定范围的短语"在这方面、关于这一点、另一方面、与此相反、与之不同的是",等等。引导学生寻找这些表示关联、衔接的词语/短语,并对其善于使用,这能帮助学生准确把握文章的内在逻辑并快速预测和理解文章的意思。

除上述比较容易识别的关联词语/短语外，还有一些有衔接作用的语言现象，也应引导学生予以关注。比如，前后句子共享一个话题的现象，或者后句主题与前句述题重合的现象。举例如下：

“我们的事业是什么？我们的事业将是什么？我们的事业究竟应该是什么？”这是企业家们要经常思考的问题。

这个语篇中，前三个句子的主题均为“我们的事业”，述题中心均为“是什么”，这些相同的短语把三句话黏合在一起，对比强烈，令人印象深刻；教师应教会学生分析这样的语篇。

(3)构建词汇网络

特定语篇的展开往往会有一个特定的话题，围绕着话题，会出现一系列相关的词语，这些词多是实词，它们在语篇中形成了一个词汇网络。比如，谈论野餐话题时，可能出现的词汇就会有“公园、坐垫、烧烤、碗、杯子、面包、水果、汽水、啤酒、调料”等，抓住这张“词汇网”就能够帮助学生理解文章的大意。教师可以在阅读开始前引导学生进行头脑风暴，以激活学生对某一话题的知识储备；在阅读开始后，引导学生在所阅读的文章中找出当前话题的词汇网络，使学生利用词语之间的关系来理解文意。头脑风暴也可以在学习生词的时候进行，它在帮助学生学习生词的同时，为培养学生的语篇理解能力做准备。

(4)制作思维导图

思维导图是把概念或事物之间的关系用图表的形式表达出来的一种工具，可以用来展示语篇的结构。在教学过程中，教师可以引导学生分析文章结构，并将之图像化(即制作思维导图)；学生掌握制作思维导图的方法后，可以以思维导图为工具来帮助自己更好地理解文章。当然，对不同的文体，思维导图的作用是不同的。散文、诗歌的思维较为跳跃，文章结构比较松散，用思维导图的方法来分析比较困难；记叙文和议论文则比较适合使用思维导图进行分析。

2.语篇表达的技巧

语篇表达也被称为成段表达，包括成段口语表达和成段书面表达。在教学实践中，即使是成段口语表达，有时也会先写出或者列出要点，以便对口语表达有所提示。所以，当我们说语篇表达的时候，主要指的是成段书面表达。按照写作训练的自由程度，可以把写作训练分为限制性表达训练（包括连句成段练习、谋段成章练习、仿写复句语篇练习）和自由表达训练（比如头脑风暴练习）两种类型。教师至少要从以下几个方面培养学生的语篇表达技巧。

(1)帮助学生掌握写作基本功

写作基本功是写作的基础，教师必须高度重视学生写作基本功的培养。对于学生来说，汉语作为第二语言学习中最重要的写作基本功有两个：一是知道如何写出文从字顺的话语。要做到这一点，主要靠学生平时的积累。此外，写作课上，教师应该把重点放在引导学生掌握新词新语、好词好句以及篇章衔接、连贯手段的使用方法上。二是要掌握不同类型文章的写作范式。文章的写作没有固定的样板，但有大致的范式，比如常见的总-分-总结构模式、书信体的写作格式等，这些范式学生都应掌握。

培养学生的基本功还要注意循序渐进。比如，可以通过连词成句培养学生的句子表达能力；然后再连句成段，连段成篇，培养学生的篇章表达能力。

(2)教会学生仿写范文

模仿是人类最重要的学习方式之一。通过仿写优秀语篇，学生可以快速提升语言表达能力。因此，有效仿写是一种重要的掌握篇章表达技巧的能力。

首先，要帮助学生学会分析范文。分析范文的目的是要搞清楚范文中值得学习的地方。这其中最重要的是范文的结构，特别是文章中衔接、连贯手段的使用。其次，应帮助学生搞清楚范文中出现的新词新语、好词好句是如何使用的。最后，要帮助学生学会运用范文中出现的好的表达方式。为此教师应做到以下三点：一是组织学生练习。练习是形成技能的必由之路。二是给出示范。可以是教师自己撰写范本进行示范，也可以是挑选学生的优秀作品进行示范。三是合理点评与修改。即对学生写出的篇章进行科学、合理的点评并及时修改。

(3)培养学生创造性表达能力

培养学生的创造性表达能力可以从两个方面着手:一是引导学生多阅读。阅读和写作的关系极为密切。学生读得多了,知道的也就多了,写作时创造性表达的可能性也就大了。二是多组织学生进行头脑风暴。通过头脑风暴,激发学生创造性表达的热情和灵感,从而为学生的创造性表达创造条件。

五、汉字教学的地位、内容和技巧

(一)汉字教学的地位

20 世纪 90 年代的对外汉语教师资格证考试题中有这样一道题:"所谓的汉语难,指的是________?"答案是"汉字难"。这反映了一个问题,那就是除了汉字文化圈的几个国家外,大部分国家的学生(特别是欧美的学生)都认为汉字很难。事实上,中国的小学生学习汉字时也会觉得困难。汉字之所以难,是因为汉字是表意文字,它的字形与字音之间没有必然联系——至少联系不直接,我们不能通过发音写出它的字形。曾有美国学生对笔者说:"我觉得每个汉字都像一幅画。"可见汉字对于他们来说确实比较难。鉴于这样的情况,有的人就提出,在当今时代,汉字可以不教。他们给出的理由有两个:第一,汉字太难了,教汉字会让一部分人丧失学习汉语的兴趣,甚至放弃学习汉语;第二,现代技术那么发达,计算机输入汉字变得很方便,因此,没有必要教汉字。2008 年召开的第九届世界汉语教学大会上就有人提出过这样的观点,并且由此引发了一场激烈的辩论。不过,那场辩论的结论是:汉字当然要教。

为什么"汉字当然要教"呢? 专家们给出了充分的理由:汉语是用汉字记录的,如果不教汉字,学生不仅不会写汉字,很有可能也认不出汉字,这会影响后续的汉语学习;而且,汉字背后蕴含着深厚的中华文化,如果不学习汉字，那将会给学习和了解中华文化带来巨大的困难。

此外，学者们也指出，所谓的“汉字难”，不一定是正确的。外国学生觉得汉字难，很大程度上是因为我们还没有找到有效的汉字教学方法。因此，解决“汉字难”的关键不是“要不要教汉字”，而是如何改进汉字教学方法，有效提升汉字教学效率。

关于这个问题，我们的观点是：不应笼统地说要不要教汉字，而是要结合具体情况进行具体判断。举例来说，如果一个学生只有一个月的汉语学习时间，那就没有必要学习汉字；如果一个学生打算用半年或者一年，甚至更长的时间来学习汉语，那么，学习汉字就变得很有必要了。笔者曾经教过一个法国学生，他在中国当经理，为了生活方便，想学点儿汉语，但是他没有那么多时间用来学习汉语，所以，笔者在教他的时候就没有教汉字，只是教些常用的句子和拼音，结果他在很短的时间内就具备了与中国人进行简单交际的能力，他很满意。与之相反的一个案例：笔者所在高校曾有一位来自美国的高层次人才，他想利用闲暇时间学点儿汉语，于是我们安排了一名研究生去教他，但是效果不佳。观察完他们的上课过程后笔者发现，导致教学效果不佳的原因有很多，其中的一个重要原因是该研究生把大量的时间花在了教这位专家学习汉字上了。我们知道，类似于这位专家这样的学习者每周学习汉语的时间是非常有限的，能够让他们学会一些基本的汉语发音和日常表达就很不错了，期待他们掌握很多汉字是不现实的，也是没有必要的。

总之，“汉字要不要教”这个问题不可一概而论，应该根据学生的个人需求和实际情况来判断。对于一般的学生来说，如果他们的学习时间比较长的话，汉字肯定是要教的。

（二）汉字的教学内容

谈汉字的教学内容，首先要谈应教汉字的数量问题。汉字的规模庞大，《汉语大字典》中收录汉字高达 60370 个，其中大部分汉字并不常用，甚至极为罕见。《现代汉语常用字表》虽然只收录汉字 3500 个，但这些汉字却能够覆盖当代文本语料99.48%的篇幅,也就是说,这3500个汉字足以应付一般报刊的阅读需求,足够中、高级汉语学生使用。

其次,除了汉字的数量外,汉字的频率和等级也是汉字教学应考虑的重要因素。《汉语水平词汇与汉字等级大纲》(1992年)中规定了甲级字800个、乙级字804个、丙级字601个、丁级字700个,共收字2905个。汉字教学应该遵循高频字优先的原则。

最后,汉字教学除了整字教学外,还需要进行笔画教学、偏旁教学、笔顺教学。相比于拉丁字母,汉字结构复杂,数量庞大,难认难写。笔画教学是汉字教学的基础,因此十分重要。有些学生把有些方块汉字写成了圆形,就是对汉字笔画把握不准造成的。汉字大多由不同的部件(构成一个汉字的偏旁、部首、独体字都是部件)组合而成,具有可拆解性和可组合性。通过帮助学生掌握汉字的部件及部件组合方式,可以有效提高汉字教学效率,因此,偏旁教学也非常重要。在实践中,教师们大多比较重视可以作部首的偏旁,相对忽视非部首的偏旁。比如"林",大家往往注意到作为部首的"木"与整字"木"的形体有所不同,但却会忽视非部首的"木"与整字"木"也不完全一样。事实上,这些差异都应该向学生说明。笔顺教学方面,我们不建议要求学生熟练掌握每个汉字的笔顺(特别是那些存在争议的笔顺),但是建议教师要严格按照汉字笔顺规则书写汉字(以便给学生正确的示范),同时把主要的汉字书写规则教给学生,要求他们尽量按汉字书写规则进行书写。

(三)汉字教学的技巧

汉字的学习包括汉字的识别、记忆和书写等几个方面。汉字教学技巧体现于教师引导学生识别、记忆和书写汉字的全过程。

1. 拆解与组合

将汉字拆解成几个部分进行教学。比如"解"字,可以拆成"角""刀""牛",这样拆分之后有利于学生掌握字形和理解字义。笔画教学和偏旁教学均与拆解和组合教学密切相关。如何引导学生按照汉字的书写规则把笔画组合成汉字,是教师必须掌握的教学技巧。

2. 归类与比较

可以将相似或相关的字放在一起进行归类教学,如按偏旁、部首进行归类,将有相同偏旁、部首的字放在一起进行教学:“江、河、湖、海”等是一组;“森、林、桃、柳、桥”等是一组;“逃、过、通、远”等是一组;等等。还可以通过字形的比较进行教学,如“品/晶”“辨/辫/辩”等形近字的对比辨析。把造字法相同的汉字放在一起(比如,把象形字、指事字、会意字、形声字等分别放在一起)能激发学生识别、记忆汉字的兴趣。

3. 释源与臆解

释源就是解释某个汉字的造字理据、起源及发展、变化过程。对汉字进行释源,一方面有助于学生理解汉字结构的理据,从而更好地记忆和理解汉语,另一方面有助于学生了解汉字背后的中华文化,增强学生对汉语、汉字及中华文化的兴趣。所以,释源是一种十分有用、有效的汉字教学技巧。臆解就是将汉字进行拆解,之后将汉字的组成部分与其整体意义牵强附会地联系起来,以帮助学生记住该汉字;当然,这样的联系不一定具有科学性。如“己”“已”和“巳”,这三个字比较相近,那如何区分呢?可以这样讲:自己的东西要藏好,所以“己”不出头;已经发生了、出现了,“已”就只能出头了;剩下的一个就是“巳”。这样的解释虽然不太具有科学性,但是有助于学生记忆,是一种有价值的教学方法。不过,在使用的时候,教师需要明确告诉学生,这是臆解,并不是汉字真正的起源,以免学生误解。

4. 书写与书法

广义的“书法”,是指汉字书写的方法,即“书写”;狭义的书法,是指怎样把汉字写得美观、有艺术感。狭义的“书法”跟“写字”意义不同。在汉语作为第二语言教学的汉字教学实践中,教师常常不太重视狭义的“书法”,只注重“书写”。其实,把书法教学与汉字书写教学结合起来,是一种好的汉字教学方法。与汉字识别教学相比,汉字书写教学比较枯燥,学生学习的积极性普遍不高。如果教师能够带领学生走入书法艺术的殿堂,学生将有可能被汉字文化所吸引,从而产生浓厚的学习兴趣。

本章小结

本章讨论了汉语作为第二语言教学的教学技巧(包括语音、词汇、语法、语篇和汉字等几个方面的教学技巧)。这几个方面的教学技巧有共同之处,比如对比法,可以对比两个音、两个词语、两个语法点、两个汉字等,再如“以旧带新法”可以运用到语音、词汇或语法教学中。不过,也有些教学技巧具有专属性质,比如语音教学中的“吹纸法”、词汇教学中的“语素义法”、语法教学中的“公式法”、语篇教学中的“思维导图法”以及汉字教学中的“拆解法”等。对教学技巧的讨论,可以提升汉语教师的教学能力,帮助他们在教学实践中灵活处理语言要素,取得良好的教学效果。

下篇

汉语作为第二语言教学的教学活动

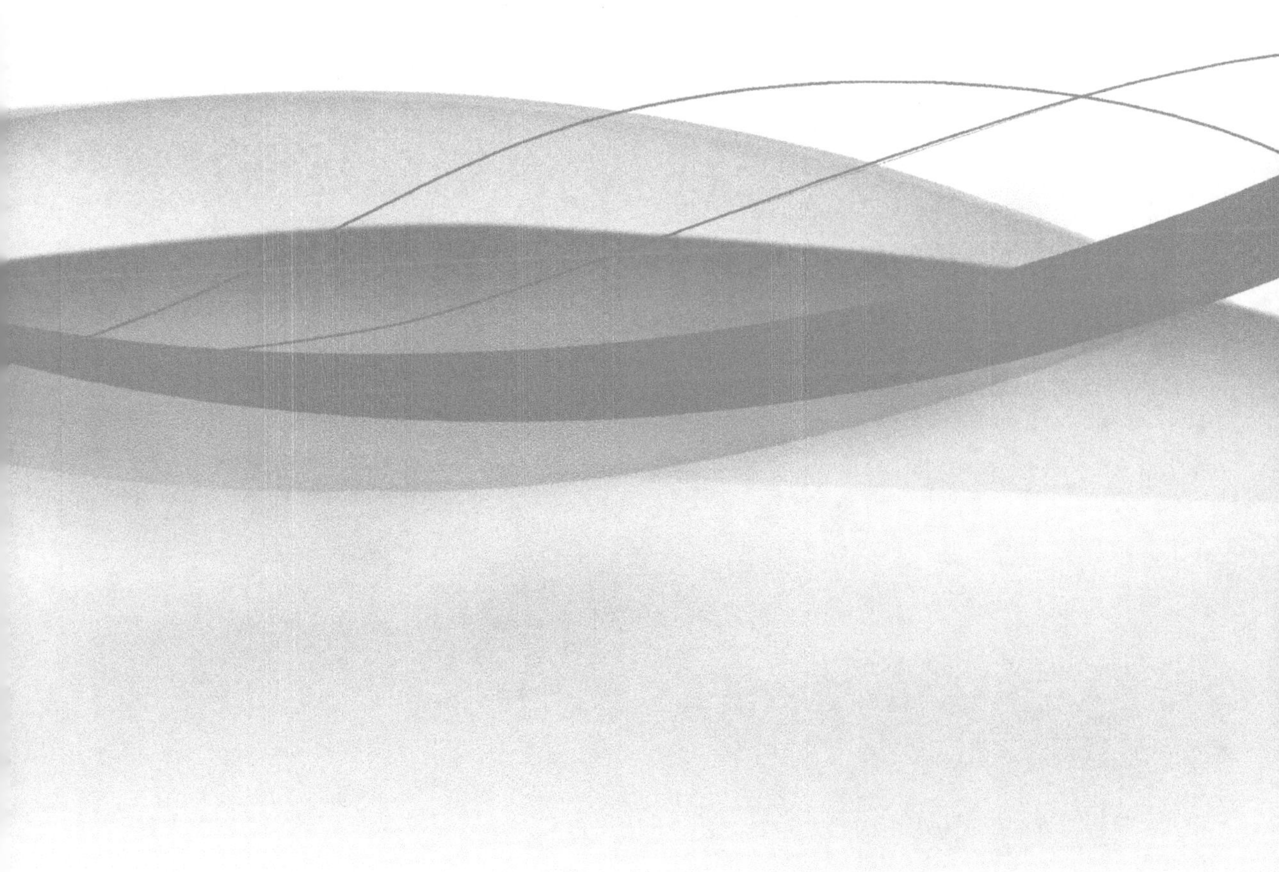

第六章　汉语作为第二语言教学的教学意识

本书的“中篇”(第三、四、五章)把汉语作为第二语言教学看作一套教学方法体系。如前言部分所言,汉语作为第二语言教学也可理解为一种教学活动。作为活动的教学可分为宏观、中观、微观三个层次。从微观层面看,教学体现为教学行为;从中观层面看,教学体现为教学环节;从宏观层面看,教学体现为教学意识。于是我们将三者结合起来给教学活动下个定义:教学活动是在一定的教学意识的指导和支配下,在一定的教学环节内完成特定教学任务的教学行为。

“教学意识”是教学过程中教师应该具备的有关教学过程各相关因素的一些基本理念,常表现为对教学活动参与各方或清楚、或模糊的认识和把握。比如,关于自身,教师要有清楚的定位,即要有教师角色意识;关于学生,教师要明白针对不同的学生,要求会不同,即要有教学对象意识;关于教学内容,教师要知道自己所教课程的性质,即要有课程性质意识。“教学意识”和“教学原则”虽然是互不相同的概念,但却具有较强的相关性:课程性质意识要求教师意识到汉语作为第二语言教学本质上是技能训练,那么在教学中就应该遵循精讲多练的教学原则。杨惠元曾系统讨论过教学意识,我们在此不做全面介绍,只重点讨论教师的角色意识、教学对象意识、教学环境意识、系统意识、课程性质意识、教学方法意识。

一、教师角色意识

所谓教师角色意识,是指教师需要明白自己在教学过程中应该扮演什么角色,才能既不失位,也不越位。具体而言,汉语作为第二语言教学的教师既要明确意识到自己是一名教师，还要明确意识到自己是一名汉语教师。

（一）意识到自己是教师

意识到自己是教师，就是要清楚教师在教学过程中应该扮演什么角色。学术界对此一直有不同的看法。结合学界最新的研究成果，我们将教师应扮演的角色概括为三个方面：一是辅助者角色，二是“脚手架”角色，三是引导者角色。

1. 辅助者角色

在教学过程中，教师是辅助者。这是对教师角色的最基本判断。这一判断既是对教与学互动统一的教学过程的准确把握，又是对学生中心地位的确认。既然教师的教学目标需要通过学生实现，那么教师必须针对学生采取有效的辅助措施。

第一，承认学生的教学主体地位。要承认学生是完成教学任务、实现教学目标的关键，要给予学生充分的信任和尊重，发挥学生的主观能动性。反映在教学过程中，就是要求教师多启发学生，培育、激发学生的创造力。

第二，承认学生是教学活动的中心。要把学生放在中心位置，教师只在旁边给予适当的帮助和指导，不能越俎代庖、“满堂灌”。如果教师自己占据教学活动的中心，就无法确保学生能够充分参与到教学活动中去。

第三，提升辅助学生的能力。教师承认学生是教学活动的主体和中心，并不是将教学活动一股脑儿甩给学生。学生走到教学活动的前台后，教师辅助学生的能力便突出起来，它在很大程度上决定了教学效果与教学成果。为此，教师必须在知识水平和教育能力上不断提高自己，既做到“有知识可帮”，又做到“知道怎么帮”，在学生需要时有能力出手相助。

总之，教师要扮演好辅助者的角色，就是要强调教师不应是课堂的中心，而是学生学习活动的配合者；不应是学生成长的管理者，而是帮助学生进步的协助者。语言课堂上，教师的辅助者角色体现得更为明显——语言课不能单纯地传授知识，更不能一味地灌输，而是要千方百计地帮助学生掌握并运用语言技能。比如,要创造让学生敢于练习的温馨、和谐、平等的课堂环境;要对学生多关心、多鼓励,要注重语言项目的操练。

2.“脚手架”角色

脚手架(支架)原本是建筑学中的一个概念,这里被借用到教育学领域。教师在教学过程中扮演的角色与建筑房屋的脚手架有相似之处:建筑工人站在脚手架上,一步一步地构建起高楼大厦;学生也要站在教师搭建的“脚手架”上,一点一点地构建自己知识和能力的大厦。一般来说,教师在教学过程中扮演好“脚手架”角色,至少要做到以下三点。

第一,教师搭建“脚手架”要搞清楚“脚手架”的本质。教学过程中,“脚手架”角色的作用是满足学生的需求。教师满足学生需求可能有两种原因:“教师认为学生需要”和“学生自己需要”。显然,学生的需求应该是他们自己寻求的。唯有如此,学生才能更积极地利用教师这个“脚手架”解决问题,提高自己。因此,教师不能满足于解答学生发现的问题,更不能想当然地认为学生有什么问题,而应该积极培养学生发现不足、找出问题的能力。

第二,教师搭建“脚手架”要与学生的能力匹配。教师为学生提供的支持应有助于其跨过“最近发展区”。苏联心理学家利维·维果斯基(Lev Vygotsky)最早提出“最近发展区”理论。该理论认为,学生现有水平和在他人帮助下可能达到的水平之间的差异构成了学生的“最近发展区”。教师的责任就是帮助学生“跨过”这个最近发展区。“脚手架”搭建得不到位,学生就无法在教师的帮助下完成学习任务。“脚手架”搭建得太高,学生没有挑战的欲望,也不利于学生汉语能力的提高。

有时候学生与目标距离太远,教师应帮助学生对学习任务进行分解,使学生可以逐步完成每件小任务。每完成一件小任务,相当于搭建了一小部分脚手架。学生就这么一小步一小步地迈向更高层级并最终穿越“最近发展区”。

第三,教师搭建“脚手架”要贯穿教学的全过程。教师给学生讲授的知识、设计的练习、布置的作业,甚至给予的鼓励等,都是在给学生搭建成长平台。教师应给学生提供多样的帮助，使学生全面提高素质。

不过，教师搭建“脚手架”也应该重点突出。教师不能把每一个字、词都逐一教给学生，而是应该将最根本、最关键的基础性知识支架搭建好。比如，当声母、韵母、声调的语音支架搭建好以后，学生完全可以借助这一“脚手架”自己积累词语方面的知识，不需要每次都寻求教师的帮助。有些老师习惯于每课都带学生读生词，很多时候是没有必要的。

3. 引导者角色

引导者角色是指教师要在教学过程中发挥指引、启发的作用。“引导者”与“指导者”不同，引导者强调方向的指引和行动的启发，而指导者则是对具体行为进行指导。教学过程中应充分发挥学生的主观能动性，如果过分强调教师的指导作用，往往会限制学生主观能动性的发挥。强调教师是“引导者”，既不忽视教师在方向指引方面的作用，又能充分尊重学生的主体作用，充分发挥学生的主观能动性，因此更具科学性。教师要做好学生学习的引导者，就要在以下几个方面做出努力。

第一，注重方向的指引。教师要鼓励学生，培养学生自我思考与自我决定的能力。教师领跑，应发挥指路功能，但以怎样的状态进行跑步，何时调整方向应由跑步者自行决定，领跑者也应相信跑步者具备这些能力。

第二，注重方法的传授。现代社会知识大爆炸，我们不能指望把所有的知识都教给学生。面对日新月异的知识，我们唯有教会学生方法，才能帮助学生应对将来未知的世界。因此，作为教师，应该有一个意识：教给学生知识，不如教会他们方法，即“授人以鱼，不如授人以渔”。在学生成长的过程中，教师不能总想着把任务分配给学生，等着学生去响应和完成，更不能把知识无差别地塞给学生，而应该在必要的时候给予指引，让学生尽量少走弯路。

第三，允许学生自我探索。教师应摆正心态，减少对学生的干扰，不再充当控制、操纵每个教学环节的权威。课堂上教师应给学生留出自由探索的空间，避免一言堂。教师应该和学生们共处于同一队伍之中，只是稍微超前一些。学生需要请教老师，老师有时也需要学生帮助。师生要共同努力、共同进步。

(二)作为一名汉语教师

汉语作为第二语言教学的教师要意识到自己是一名汉语教师,这意味着需要知道汉语语言文化及其教学的特殊性。

1. 要了解汉语的特点,清楚汉语教学的规律

汉语属于汉藏语系,与印欧语系及其他大多数外语明显不同。关于汉语的特点,学界曾有过很多讨论,认可度比较高的观点有:汉语形态变化少;汉语的词类和句子成分间不存在一一对应关系;虚词和语序是汉语中重要的语法成分;词组和句子结构具有一致性;汉语中的 z、c、s、zh、ch、sh、j、q、x 等音在其他语言中很少见;汉字是唯一使用至今的意音文字;汉语中有大量的量词;等等。这些特点往往也是导致留学生在汉语学习过程中出现问题的原因。汉语教师必须充分了解汉语的特点并能根据汉语特点开展有针对性的教学,这样,才能取得较好的教学效果。

2. 具备传播中国语言文化的能力

中国语言背后是历史悠久、灿烂辉煌的中国文化,汉语教师是传播中国语言文化的使者,因此必须对中国语言文化有比较深入的了解和理解。许嘉璐曾将文化分为表层文化、中层文化和底层文化。其中,表层文化又称物质文化,“是人类最易感知的文化,是围绕衣食住行所体现的去取好恶”;中层文化又称制度文化,“包括风俗、礼仪、制度、法律、宗教、艺术等等”;底层文化又称为哲学文化,“是人的个体和群体的伦理观、人生观、世界观、审美观”①。表层文化变化最快,底层文化最稳定,但最能代表文化的本质。汉语教师不仅要了解表层的中华文化,还要由表及里,深入理解底层的中华文化,成为中华文化的践行者,甚至在某些时候成为中华文化的“形象代言人”。

① 许嘉璐.什么是文化[N].中国社会科学报,2006-06-02(002).

二、教学对象意识

教学对象意识又被称作学生意识，主要是指教师需要知道自己教的是谁，比如：学生是哪国人？他们的现有水平如何？学生的学习特点、风格、能力是怎样的？等等。只有了解了这些信息，教师的教学才能有针对性；有针对性的教学才是高效的教学。如果不了解教学对象，就没办法在自己的教学中做到有的放矢。同样的教学内容，给不同国家的学生讲，结果肯定会有所不同。

（一）教学对象是哪国人

由于母语背景不同，不同国家学生的学习重点、难点及学习习惯、需求等都会有所不同。

汉字对于绝大多数国家的学生来说都是比较难的，但是日本学生却觉得书写汉字没那么难，这主要是因为日本文字与汉字比较接近。实际上，日本文字来源于汉字——平假名由汉字草书演化而来，而片假名则来源于汉字楷书。所以，日本学生在学习汉字之前，实际上已经习惯了书写类汉字的文字。同时，由于日文里还存在着2000多个汉字，日本中小学教育普及1000左右的汉字教育，因而日本学生比较容易理解和接受汉字。对日本学生的汉字教学就不需要像对别国学生那样重视汉字书写。

语音是很多学生学习汉语的一个难点。欧美留学生在发送气音时多数会出现问题；r这个声母，很多日本学生发不出来，会读成l；声调中的降调，很多国家的学生不觉得是难点，但很多越南学生却发不准（他们常常拖音，降调降不下来）。了解了这些情况，教师在教学过程中才可以有针对性地设计教学难点和重点。

（二）教学对象的现有水平如何

汉语作为第二语言教学的教师常在“教学对象的现有水平如何？”这一点

上出现问题。新手汉语教师在教学过程中经常会使用一些复杂的词句来解释相对简单的字词，而且还意识不到这些词句已经超出了学生可以理解的范围。例如，教师为了解释“跳”这个词语，可能会使用“双腿弯曲，向下用力，使身体脱离地面的动作”这样的句子来解释。再比如，用“索性”来解释“干脆”。类似的解释从知识的角度来看问题不大，但是从理解的角度看问题就大了，因为这些词句会让学生越听越糊涂。

为了了解学生的现有水平，教师应时刻提醒自己注意学生对教学的反馈，包括课堂表现、作业情况及考试情况。教师也应该主动与学生交流，询问学生对教学内容的理解程度。了解学生水平之后，教师应不断调整教学内容和教学难度，适应学生的接受能力。

(三)教学对象的个体差异是怎样的

与国内学生相比，留学生的个体差异要大得多。他们年龄跨度大，文化差异显著，学习目的、学习风格也都各不相同，教师需要有针对性地选择合适的教学内容和教学方式。首先，年龄不同，学生的学习习惯就会不同。比如，低龄学生可能更能接受游戏教学法；年长的学生，特别是男性年长学生，可能就不太愿意在游戏中学习。其次，文化背景不同，思维习惯和文化禁忌也会有所不同。教师心中特别要绷着一根弦儿，尽量不触碰学生的禁忌。再次，学习目的不同，学生的兴趣点可能就会不同。比如，一个未来准备学新闻的学生，对“报刊阅读”课可能会比较感兴趣，而未来准备学工科的学生则可能对之毫无兴趣。最后，学习风格也会影响学生对课程教学的接受程度。学习风格是指人们在学习时所具有的或偏爱的方式，换句话说，就是学生在研究和解决其学习任务时，表现出来的具有个人特色的方式[①]，通常可分为场独立型学习风格和场依存型学习风格两种。在汉语作为第二语言教学中，对于场独立型的学生需要加强对他们听说能力的培养；对于场依存型的学生，则需

① 姜艳玲，古岱月.“互联网+”环境下微视频实现创客学习研究[J].中国电化教育，2016(6):71-76.

要重视对他们读写能力的培养。总之，教师应根据学生的个体差异开展针对性的教学。

三、教学环境意识

显而易见，第二语言习得会受到语言环境的重要影响：在母语环境下习得第二语言和在目的语环境中习得第二语言，结果可能存在明显差异。因此，近几十年来的语言习得理论基本上都承认语言环境对习得的影响。先天论虽然高度强调先天语言习得机制的重要性，但是也未完全否认后天环境对于第二语言习得的作用。行为主义的刺激-反应论更是将语言习得看作是语言学习者为回应外在环境的语言刺激而形成的条件反射。20 世纪七八十年代先后出现的“文化适应模式”和“社会文化理论”都是从社会和文化的视角来观察和讨论外在环境对语言习得的影响。前者认为社会距离和心理距离能够影响语言习得的成效，后者主张语言习得是在社会文化环境中通过将社会言语内化为内在语言，从而实现对语言的自我调控。这些理论都肯定了环境的作用，应该对我们有所启示。具体说来，就是要让我们明白，教师必须要树立起教学环境意识。

（一）充分了解、适应并利用现有环境

教学环境是教学活动可以依赖的资源，充分利用教学环境可以促进教学，忽视有利的环境因素是对资源的浪费，不适应环境则会阻碍教学。因此，应该首先了解教学活动所处的环境。这个教学环境包括多个方面，不仅包括狭义的课堂环境，还包括广义的人际环境、文化环境、社会环境等。为此，教师至少应该做到以下几个方面。

1. 了解教学点所在地的制度环境

教师要了解教学点所在地的教育制度、法律制度、学校的教学管理文件等，这是顺利开展教学活动的重要保障。对于赴国外进行汉语教学的教师来

说，制度环境的了解尤为重要。比如，教学过程避免不了对一些未完成学习任务的学生或违反教学纪律的学生进行适当的惩罚。惩罚程度的深浅把握往往要视当地的法律和学校规章制度而定。如果教师对学生的惩罚触犯了当地法律，则是相当不应该的。

2. 了解教学点所在地的文化环境

汉语作为第二语言教学教师往往要到海外工作，那里的文化环境与国内显著不同。熟悉并努力适应教学点所在地的文化环境是教师顺利开展工作的前提条件。不熟悉教学点所在地的文化环境可能会导致“文化休克”，甚至会带来文化冲突。比如，在斯里兰卡，点头表示否定，摇头则表示肯定；在泰国，抚摸个人的头是很不礼貌的；在欧美，随意触碰别人的身体会让人觉得受到冒犯；等等。如果不了解这些文化习俗，就可能产生误会，导致不适应，不仅影响教学，还会影响生活。

3. 具备良好的合作意识

教师要了解教学点所在地的人文环境，努力创建和谐的人际环境。教师为此要具备良好的合作意识。教师跟学生之间是合作伙伴关系，彼此分工不同：教师扮演引导者、辅助者和“脚手架”的角色；学生需要做的则是主动学习，努力提升自我，并在教师的帮助和引导下完成预定的学习任务。教师和学生共同构成了教学共同体。教学任务能否完成取决于教学共同体运转得如何。其中的关键在于，教师和学生要相互配合，彼此合作。当学生学得不好的时候，教师应该反思与学生的合作关系是否出现了问题。

教师要与其他同事建立良好的合作关系。教师之间的教学进度保持一致是相互沟通、彼此合作的结果。教师们共同备课是教师合作的典型形式，教学研讨、上公开课等也是教师合作的常见形式。

学生与学生之间也应是合作关系。教师要为学生与学生之间的合作提供平台，创造条件，必要时加以引导。通过学生间的相互合作，促使他们彼此交流、相互促进，实现共同成长。

(二)要努力创造有利于学生语言习得的环境

在汉语作为第二语言教学的过程中,教师应努力创造多维、立体的学习环境,帮助学生学习汉语。至于如何创造多维、立体的环境,则要把握以下几点。

1.在教学过程中模拟现实情境

目前汉语作为第二语言教学的主要教学活动是在课堂上由教师帮助学生学习汉语的语音、字、词、句及语法,知识体系呈现出阶段性和系统性的特点,不同的课程为不同的教学目标(指培养学生听、说、读、写的能力)服务。汉语作为第二语言教学的课堂环境明显有别于自然的语言习得环境,其程式化的模式很容易让学生产生倦怠感,降低学习兴趣,进而影响学习效率。因此教师要做的是尽可能使书本上“死”的知识“活”起来,让学生通过学习与日常生活密切相关的内容保持学习兴趣,在与现实生活相似的状态下相对自然地体验汉语环境、认识汉语、感受中国文化。

2.帮助学生进入中国人的生活环境

培养语言能力,除了掌握语言知识,更关键的是培养学生的实际交际能力。除了模拟真实的语言环境,还必须让留学生在真实、自然的环境中大量接触和使用汉语,如此才能习得最地道的汉语,才能切实提高实际汉语运用能力。对于来华留学生,要在日常生活管理中努力帮助他们多与中国人接触,比如和中国人同住一栋宿舍楼,甚至成为室友。如果真的能够做到这些,那么汉语学习就不再只是课堂任务,而是与生活息息相关的“生活必需品”了——全方位的汉语氛围会促使留学生多说多练,以满足他们的生活需要。

3.多鼓励留学生参加校园活动和社会活动

要组织留学生参加校园活动和社会活动,这不仅能够增加留学生练习汉语的机会,还会增加他们学习汉语的兴趣,大大促进留学生的汉语学习效果。

4.充分利用教具,设置适宜学习的教室环境

教室是最直接的教学环境,杂乱、吵闹的教室环境会影响学生学习;有中

华文化氛围的教室环境则可能对学生产生潜移默化的影响。教具是教学环境的重要组成部分，巧妙利用教具（比如挂图、实物等）可以有效提高学生学习的效率。

四、系统意识

系统意识是指教师要意识到教学是一个系统：课上课下是一个系统，课程之间是一个系统，学期、学年之间也是一个系统。教师不能只管自己教的那一门课，更不能只管单独的一节课，而是要在整个教学系统中统筹考虑，合理安排自己的教学活动和行为。整个教学过程是一个团队协作、共同工作的过程——不仅包括教师团队的工作，还包括学生的朋友圈的共同工作，他们一起发挥作用，共同促进学生的成长。

（一）课上课下是一个系统

教师除了关注学生课上的学习，还要关注学生课下的活动。课堂的学习要依赖于课下的预习、复习和练习。笔者在给留学生上课的时候，从来都不喜欢把生词一个一个地讲出来，而是习惯于让学生自己提前预习生词，然后在课堂上检查学生的预习效果，针对预习效果不好的词语进行详细的讲解。这么做的理由是：课堂时间有限，要想学好汉语光靠上课是不行的；如果让学生课前预习、课后复习，很多学习任务就能够在课下得到解决；这样，很多课堂时间就可以被节省下来，用以完成更重要的教学任务。

翻转课堂教学模式就十分重视课下时间的利用。翻转课堂教学模式高度依赖学生课下的学习：教师给学生发送学习视频，学生根据视频自行学习，在充分学习和练习之后，在课堂上接受检查和强化。某种程度上说，翻转课堂的课下学习占主要部分，课上学习反而是次要的。总之，课上课下都要顾及，它们是一个系统。

(二)各门课程是一个系统

当今汉语教学在世界范围内课程设置大体上可分成两种模式:第一种模式是针对汉语言专业[①]的学生或汉语进修生设计的。这些学生在修业年限内专门学习汉语,通常一周要上二十几节汉语课,课时多,学习汉语的时间很充裕。此种情况下,我国高校通常采用"综合课+专项技能课"的课程设置模式。综合课上对学生的听、说、读、写技能进行综合训练,相当于英语专业的精读课;专项技能课即听力课、口语课、阅读课、写作课等,这些课程对听、说、读、写等技能进行专项训练。

国外还有一种"大、小课"模式,美国麻省大学阿姆赫斯特分校[②]采用的就是"大、小课"的模式。因为没有那么多的师资,所以该校只开设了一门大课和两门小课,共三门课程。大课由一位有经验的教师负责,专门讲解语法和其他知识点;小课由助教(通常由研究生担任)来指导学生进行练习。大课讲知识,小课完全是操练大课上讲的内容。显然,无论是"综合课+专项技能课"的模式,还是"大、小课"的模式,各门课程之间都是相互配合的关系,彼此共同构成一个系统。

第二种模式是把汉语课作为一门选修课程来学习。在国外,对汉语感兴趣的其他专业(指非汉语言类专业,下同)的学生一个星期上几节(通常是2~6节)汉语课;国内的高校也常常给已进入其他专业学习的留学生开设每周几节的公共汉语课。这些学生的学习时间是有限的,每周最多能拿出几节课的时间来学习汉语,这样就不可能再给他们开设很多门课程,只能开设一门综合课。这种情况下,这门课要自成体系,教师授课时要注意别的方面的系统性。

(三)学期、学年之间是一个系统

把学期、学年看成一个系统,是笔者在教学实践中的感悟。给留学生上

① 有的叫中文专业或其他类似的名称。

② 笔者曾在该校访学,对该校的汉语教学情况比较熟悉。

课与给中国大学生上课存在显著差异。留学生的综合汉语课，一周要上很多节（国内的高校，初级阶段一般一周安排10节综合汉语课），几乎每天都有课。这就出现了一个问题：综合汉语课老师每天都要面对同样的学生，如果教学方法一成不变，教学流程程式化，学生就会感到很无聊，进而产生厌烦情绪。所以教师要对整个学期、学年的教学有一个整体规划：在不同时期、不同阶段，要采用不同的方法，尝试不同的教学模式。例如生词教学，不要每一次都是教师讲、学生听，也不要每一次都是学生预习、教师听写，我们完全可以在某些时候采用合作学习模式或其他模式进行教学①。本书的第二作者在初级汉语综合课上常常使用这样的方法：初始阶段，学生汉语水平为零，此时教师以声母、韵母和声调的学习为主；当他们掌握汉语语音基础之后，教师会放慢课本学习节奏，增加一段词语教学。词语教学的内容为常见蔬菜和水果词语。词语教学目的在于利用学习词语巩固语音基础，也在于学生能说出蔬菜和水果名称，提高他们在我国的生活能力。总之，教师要变着花样地让学生学习，使整个学期的课程呈现出节奏性的变化，让学生轻松愉悦地接受课程的学习。

五、课程性质意识

课程性质意识是指教师需要对自己所教课程的性质有一个正确的判断。教师如果对所教课程的性质判断错误，教学就会出现严重问题。例如初级汉语阅读课本质上是阅读技能训练课，为了推进阅读教学，需要学生认识一定数量的汉字，所以该课程可以有一些汉字教学，但是汉字教学在阅读课上只处于辅助位置，不是教学的主体，如果把阅读课上成汉字课甚至书法课，那么一定是失败的。汉语作为第二语言教学的教师要具备课程性质意识，要求教师需要意识到以下几点。

① 孙瑞，李丽虹．论合作学习模式在对外汉语教学中的运用[J]．云南师范大学学报（对外汉语教学与研究版），2007(2)：66－69.

(一)教的是语言

汉语作为第二语言教学是语言教学的一种,有了这个意识,教师就会避免把汉语教学教成了别的课程。首先,语言教学不是文化教学。汉语作为第二语言教学过程中虽然会涉及中国文化教学,但是却不能用文化教学替代语言教学,语言教学里可以涉及文化,但文化教学是处于从属地位的。汉语言专业的课程除了"中国文化概况"等课程外,绝大多数都不是文化课程。其次,语言教学不是语言学教学。语言教学要以形成语言交际能力为目标,以技能训练为中心,将语言知识转化为语言技能。也就是说,语言课本质上是技能训练课,而不是知识讲解课①。正如吕叔湘在《关于语文教学的两点基本认识》中指出的那样:"学习语言不是学一套知识,而是学一种技能。"与语言课不同,语言学课讨论语言的性质和规律,主要是知识课、理论课。有的从事汉语作为第二语言教学的教师,对课程性质认识不清,将面向留学生的汉语课上成了面向中国中文专业学生的语言学课程,大谈特谈语法知识或者是词汇的各种义项、用法,结果便是留学生听不懂、记不住、不会用。实际上,在语言课上,学生没有必要接触那么深层次的语言学知识。

(二)教的是汉语

汉语作为第二语言的教学,受制于第二语言教学的普遍规律。汉语教学不同于英语、俄语、日语等其他第二语言的教学,具有自身的特殊规律:第一,汉语属于汉藏语系,在语言的谱系分类上与其他语系的语言关系都比较远;甚至汉藏语系下其他语族的语言,也与汉语有着不小的差异。因而对于大多数外国学习者而言,汉语完全是一种陌生的语言,是一种"真正的外语"(true foreign language)。第二,汉语背后隐藏着中国文化和中国人的思维方式,这与其他民族的文化和思维方式不同:汉语形态变化少,总体上属于意合型语言,这与中国人习惯于感性思维的特点内在相通;汉字是平面文字,构字部件

① 刘珣.对外汉语教育学引论[M].北京:北京语言大学出版社,2012:19.

二维组合，而组成印欧语言文字的字母线性排列（比如 s-t-u-d-e-n-t—student）[①]，这暗合了中国人表达时多委婉、欧美人常直白的特点。第三，汉语在语音、汉字、词汇、语法方面与其他语言（特别是与西方语言相比）有着很大的不同。在语音方面，汉语需要通过声、韵、调的组合以及声调的变化来区别词义，很多学习者的母语里没有声调，这就需要帮助他们首先树立起声调的概念，发出并记住正确的声调；还有的学习者虽然母语中有声调，但与汉语的调值调类不一样（比如越南语），要注意区别；汉语中卷舌音 zh、ch、sh，这在其他语言中极为罕见。词汇方面，汉语词汇以双音节为主，但也有一部分单音节词，单音节词中有一部分多音多义，比较难学；汉语中有鲜明文化色彩的文化词的学习也需要相关知识的辅助；成语、惯用语丰富，是学习难点；词汇丰富多彩，具体使用时需要依据情感色彩、搭配能力等特征而做不同的选择。语法方面，汉语语法重“意”不重“形”，意合为主，隐性语法关系复杂，表义灵活，外显语法规则不清晰；汉语中有丰富的语气词；形态变化少；短语和句子的结构类型一致；等等。汉字方面，汉字是意音文字，一个方块字基本对应一个单音节语素。掌握汉字这一汉语特有的书写系统，对以拼音文字为母语的学习者而言尤为困难，主要可归纳为“三难”——“难认、难记、难写”。经验告诉我们，汉语作为第二语言教学的重点和难点恰恰来源于汉语自身的特点，因此教师要根据汉语的特点来确定教学的重点和难点。

六、教学方法意识

教师应树立起教学方法意识，即对“怎么教”这一问题有明确的认识。作为一名汉语作为第二语言教学教师，在以下几个教学方法问题上要有清醒的认识。

（一）正确理解教学方法与教学效果之间的关系

汉语作为第二语言教学要讲究方法，但有研究表明，教学方法和教学效

① 这一点前文已有叙述，此处为了说明问题而重复。

果之间并没有清晰的、必然的联系。教学方法是为教学效果服务的，但教学方法的使用并不必然产生好的教学效果。从本质上说，教学方法本身只是工具，好与不好，要看在什么场合使用以及怎么使用。比如，语法-翻译法虽然有很多弊端，但是对于培养学生的书面语翻译能力却是非常有效的。因此，汉语教师应该懂得根据具体的目的选择最适合的方法。

不少学者提倡教学方法的趣味性，即在汉语作为第二语言教学的教学过程中，通过加入一些中华文化知识、社会话题、趣味游戏等内容或形式来提高课堂教学的趣味性。这么做原则上是可以的，但也要秉持“适度原则”，也就是说，不能过度、盲目。游戏的选择也要适当，得符合学习者年龄特点、认知习惯，否则不但不会增加趣味性，还会使学习者产生排斥心理。此外，有些方法表面上看似乎可以吸引学生，但离题千里，无法实现既定教学目标，那也不是合适的方法。

（二）要认识到多掌握教学方法的重要性

汉语作为第二语言教学教师要尽可能多地了解和掌握教学方法。教学方法是教学的工具，只有工具多了，才能根据需要加以选用。如果一个教师只掌握有限的几种方法，常会出现“工具不够用”的情况。为此，教师一方面要多学习、多观摩、多请教，借鉴和吸收学界现有的教学方法；另一方面还要主动探寻和创造新的教学方法，要记住“没有最好，只有更好”。

（三）要变换使用多种教学方法

汉语作为第二语言教学的教学方法不止一种，即使是同一个知识点，也可以采用不同的方法进行教学。教师在选用教学方法时不能人云亦云。比如现在占主流地位的“语文一体教学法”和“词本位教学法”，是西方语言教学路子的翻版，它们是否是最优选择？这还需要进一步考证。教师在选用教学方法时也不能故步自封。教师不应该满足于使用自己熟悉的教学方法，而应该有意识地改变教学方法，让学生在学习过程中始终保持新鲜感。

(四)要全程选用合适的教学方法

教学方法的选用应贯穿整个教学过程。多数汉语教师会在讲授环节注意教学方法的精挑细选;但到了练习环节,有些老师就不太讲究了。实际上练习环节容易让学生产生倦怠情绪,教师更应该注意教学方法使用的多样化。比如,教师可以在学生个人完成作业的同时多安排一些小组合作完成作业的形式,在采用教师问学生答的传统模式的同时,多安排一些学生之间相互问答的形式,等等。

(五)要做到因人而异、因时制宜

因人而异是指教师要考虑到学习者个体之间存在着很大的差异,比如母语、文化背景、学习目的、学习时限等多个方面都存在差异。因人而异可以在有限的时间内取得更大的教学效果。日本学生总体上学习认真,但比较内向(特别是成年男性),如果大量使用游戏教学法,他们可能会有一些抗拒。

因时制宜是指教师要考虑到学生所处学习阶段的特点而采用不同的方法进行教学。初级阶段主要学习日常口语,比较适合用模拟真实情景的方法进行教学;中、高级阶段学生自学能力增强,可以把大量的学习任务交给学生自己自学完成。初级阶段讲授生词应尽量使用图片、动图等直观教具;到了中、高级阶段,以熟词解释新词,不失为一种高效的教学方法。

总之,教师要时刻提醒自己,在教学过程中要全程使用合适的、多样的教学方法。教师要了解并掌握多种教学方法,根据特定的时间、场合和教学对象等因素做出最优选择;教学方法不能为了使用而使用,一切都要以教学目标的达成为最高追求。

本章小结

汉语教学活动中教师要有清醒的意识:要对自己、对教学对象都有清晰的定位，明白自己是汉语教师，扮演辅助者、“脚手架”、引导者的角色，要清楚学生的国籍、水平和个体差异；要清楚自己所教课程的性质，认识到自己教的是语言，是汉语；要在教学过程中，充分利用现有环境，积极创设好的环境，强化自己对方法的掌握和应用能力；要把课堂内外、课程之间看成一个整体进行教学。

第七章　汉语作为第二语言教学的教学环节

一、教学环节综论

(一)教育活动中的环节与教学环节

吕必松曾指出，汉语作为第二语言教学[①]包含四大环节：总体设计、教材编写、课堂教学、成绩测试[②]。但吕必松所说的四大环节是相对于“汉语作为第二语言教学”全过程(即一种教育活动)而言的，与本章所说的教学环节并非同一概念。本章所说的“教学环节”是相对于课堂教学过程而言的，是课堂教学的直接组成成分，是指课堂教学中发生的、由任课教师完成或主导完成的、互相关联的教学事件和活动，如导入、讲授、练习等。

教学环节有两个基本特征：①它具有顺序性。教学环节一环套一环，彼此接续，形成一个完整的教学链条。②它是教学过程的直接组成部分，并不是一个个碎片化的具体教学行为。要全面理解教学环节的概念，还需要把它与其他相关概念区分开来。

(二)教学环节与几个相关概念

跟教学环节有关的概念还有几个，比如教学过程、教学单位、教学步骤和教学行为等。关于这些概念之间的关系，崔永华曾进行过专门讨论。他认为：①教学过程是教一门课的完整过程，不同课程是不同的教学过程；②教学单位是教一个单元或一课的过程，不同单元或不同课是不同的教学单位；

---

① 吕必松用的术语是“对外汉语教学”。

② 吕必松.对外汉语教学概论(讲义)[J].世界汉语教学，1993(3)：206.

③教学环节是依据一课内的语言项目进行的过程，包括检查复习/预习情况、生词处理、新语法点处理、课文处理、归纳总结、留作业等；④教学步骤是从语言项目处理的角度划分出来的，生词或语法点的处理分为展示、解释、练习等教学步骤，课文的处理包括教师口述、教师提问、学生复述等教学步骤；⑤教学行为是课堂教学最基本的单位，一个或数个教学行为构成教学步骤，如练习语法点的教学步骤是由领读例句、词语替换练习等教学行为构成的。崔永华指出，人们常混淆这些概念。他认为不应该把检查复习/预习情况、生词处理、课文处理、总结归纳（崔氏认为的“教学环节”）与展示语法点、解释语法点、练习语法点（崔氏认为的“教学步骤”）并列讨论。崔永华不把层次不同的概念混在一起讨论的观点是正确的，但是他“叠床架屋”地分出五层概念，似乎又有些繁杂。我们下面对此进行讨论。

首先，讨论教学过程、教学单位与教学环节。崔永华提出的“教学过程”是按课型划分的，一个教学过程是一门课自始至终的完整的过程。他提出的“教学单位”是按单元划分的，一个单元的教学过程就是一个教学单位，这些教学单位包括检查复习/预习情况、归纳总结、留作业等教学环节。我们认为，教学环节彼此接续组成一个完整的教学过程，从教学过程往上看，单元之间基本上是互相独立的，课程之间也同样具有相对独立性。因此，没有必要区分“教学单位”和“教学过程”，所以我们舍弃“教学单位”的概念，只保留“教学过程”的概念。教学过程包括“一门课的教学过程”“一个单元（或一课）的教学过程”两种。本章所说的“教学过程”一般专指“一个单元（或一课）的教学过程”，尤指“一课的教学过程”。

其次，讨论教学环节、教学步骤与教学行为。在崔永华的概念体系中，教学环节是“为实现教学单位的教学目的所设计的过程”，一节精读课包括六个环节——检查复习/预习情况、生词处理、新语法点处理、课文处理、归纳总结、留作业，这符合人们的认知规律。但他同时认为，教学环节的下位概念是教学步骤，教学步骤的下位概念是教学行为。这种分析方法让人困惑：“教学环节”和“教学步骤”之间的区别是什么？“教学步骤”和“教学行为”之间又是什么关系？按照崔永华的观点，“教学环节”与“教学步骤”、“教学步骤”与“教学行为”之间的关系都是总-分关系。然而，单纯从“教学环节”“教学步骤”“教学行为”这几个术语的字面意思来理解，这种总-分关系并不明确：如果不对这几个概念进行专门的界定，我们完全可以说“教学环节”就是“教学步骤”，因为它们都具有顺序性（都是一环套一环、一步接一步的）。与此同时，“教学步骤”也似乎可以看作是一个个“教学行为”。总之，崔永华的处理烦琐且容易让人产生误解。因此，我们建议取消“教学步骤”的概念，把崔永华所说的“教学步骤”的指称范畴分别归入“教学环节”和“教学行为”之中——能够构成教学过程的直接成分且有一定顺序性的“教学步骤”（如“练习”）归入“教学环节”范畴，不能构成教学过程的直接成分或不具有顺序性的“教学步骤”（如“提问[①]”）则归入“教学行为”范畴。这样在“教学环节”之下，就只保留了“教学行为”的概念。

这样一来，“教学行为”和“教学环节”的区分标准就有两个：一是看是否存在内在的顺序性（教学环节之间有顺序性，而教学行为之间不一定有顺序性）；二是看是否是教学过程的直接组成成分（教学环节是教学过程的直接组成成分，而教学行为不是）。教学环节一环扣着一环，共同组成一个完整的教学过程，而教学行为是教学环节的组成部分。教学行为虽然是微观的，但它又可以分解为更小的教学行为。不同层次教学行为之间的差异是量的差异，而教学行为与教学环节之间的差异则是质的差异。

总之，我们认为，教学过程由多个教学环节组成，教学环节又可以由教学行为组成[②]，大的教学行为可以由更小的教学行为组成。

（三）教学环节的类型

我们可以从不同角度对“教学环节”进行分类。着眼于教学活动的功能，

① 提问随时都可以进行，并没有相对固定的顺序。

② 教学环节也可以不含教学行为。

可以将一节课[①]划分为(备课)[②]、导入、讲授、练习、总结、作业布置、(教学反思)等几个环节。着眼于教学内容,可以将汉语作为第二语言课堂教学分为词汇教学、语法教学、课文教学、练习等几个环节。

将课堂教学过程分为讲授、练习、总结等几个环节的做法适用于所有的课堂教学分析,所分出来的教学环节可称为普遍教学环节;将课堂教学过程分为词汇教学、语法教学、课文教学等几个环节的做法则只适用于分析语言类课程,我们称之为课型教学环节。

为了让读者对汉语作为第二语言教学的教学环节有更深入的理解,下面将分别对"普遍教学环节""课型教学环节"进行介绍。

二、普遍教学环节

(一)备课

"备课"的"备"是准备,"课"是"课程",教学的两个主体——教师和学生——都可以为课程做准备工作,不过一般把学生的准备工作称为"预习","备课"特指教师为课程所做的准备工作。《现代汉语词典》也指明"备课"是"教师在讲课前准备讲课内容"。

1. 概述

备课是课堂教学前的准备环节。它与制订大纲、编写教材不同:制订大纲、编写教材通常不是由任课教师完成的,且并不直接为具体的课堂教学服务,因而不是我们所说的教学环节;备课是课堂教学的预演,它直接为课堂教学服务,属于我们所说的广义上的教学环节。备课环节在时间和内容上都先于其他教学环节。

备课有"三备":备教材、备学生、备教法。备教材是指教师在课前确定上

① 包括但不限于汉语作为第二语言教学课。

② 这里的"备课"加括号,旨在强调此处的备课只是广义上的课堂教学环节;下文中的"教学反思"亦是如此。

课时要讲授的内容，即决定课堂上讲什么、不讲什么，哪些作为重点、哪些不作为重点，等等。备教材是备课环节中最核心、最重要、最主体的部分。备学生是指要尽可能多地了解学生的情况，包括学生的国籍、来历、汉语水平、学习目的、学习态度、学习方法、学习风格等。备学生要求教师为特定教学对象做好准备，预判学生可能会遇到的困难和提出的疑问，以便有针对性地对他们进行教学。这与前文提及的教学对象意识、“因材施教”原则和国别化原则都有联系。备教法是指根据课型、学生情况等准备教学方法。教学模式的采用、教学技巧的运用、教具的准备、板书的设计等都属于备教法的范畴。

备课的结果集中体现在教案上。一般来说，一个完整的教案会包含“教学对象、教学内容、教学时间、教学目标、教学重难点、教学方法、教学过程、板书、教学后记”等内容。在实际操作中并不要求将以上的内容尽数写出，但教案一般至少包含“教学目标、教学重难点、教学方法和教学过程”等几部分内容。教学目标的设计应符合学生的实际情况，通常包括两个方面的内容：一是语言目标，二是文化目标。语言目标包括掌握语音、词汇和语法等；文化目标包括了解、理解中国文化等。教学目标的评估可以采用课堂测试、随堂练习、课堂观察等多种方式。教学重难点是教学中要特别注意的部分：重点是最重要的部分，难点是学生学习中最困难的内容。不少教师常常将重点和难点一并处理，因为大多数情况下，重点就是难点，难点也是重点。教学内容不同，教学的重点和难点就会不同；教学对象不同，教学的重点和难点往往也会不同。备课时，教师应根据教学目标的要求，深入分析教学内容，结合学生的实际情况，合理选择教学的重点和难点。“教学方法”部分介绍实施教学环节、实现教学目标的具体方法。撰写“教学方法”部分时，最好写清楚各种方法所应用的具体场合。教学过程通常要写得比较具体。一个教案的主体部分，或者说最重要的部分就是教学过程。总体而言，它的内容有三个部分：一是导入，二是正文的讲解与练习，三是课后总结。在确定教学环节的时候，每个教学环节的时间安排一般也要写清楚。

2. 备课的基本要求

(1)要有整体备课观

教师备课时要有“整体备课观”。所谓“整体备课观”,是指教师在备课时要有整体观念,将一门课,甚至是同一班级的各门课看作一个整体,统筹规划,合理准备教学方案。这实际上是“系统意识”在教学环节上的体现。

一门课程正式实施前,教师应从整体上对课程进行设计,科学、合理地安排教学进程。比如,该门课程一共要上多少次,每次讲哪些内容,各部分内容分别需要花费多少时间等,均要统筹考虑。

整体备课观甚至不限于一门课的课前准备,还包括同一班级各门课程的协同备课。汉语作为第二语言教学是一种语言教学,需要听、说、读、写多方面教学的配合。教学实践中有时会出现各门课程进度不一的情况,这便与缺乏整体备课观有关系;有时还会出现口语课跟综合课没有区别的现象,这也与缺乏整体备课观有关。

整体备课观重视教学设计的全局性,但它并不意味着备课可以毕其功于一役——每次课前的“二次备课”也是必不可少的。二次备课的作用不仅在于熟悉教案内容,更重要的是,前期整体备课时对学生语言能力的评估只是一种假设,正式上课前需要根据实际情况对之前的假设和教案进行修正,确保教学方案符合实际情况。

(2)备微观与备宏观结合

“备微观”也叫微观备课,多是一堂或一个单元的备课,是精细化备课,是把教学目标落实到细处的备课。微观备课必不可少,教学实践中几乎所有的教师都会有微观备课。“备宏观”也叫宏观备课,是指超过一堂或一个单元的备课。低层次的宏观备课注意到前后相邻的几课,可以做到前后课的衔接自然、过渡顺畅。中层次的宏观备课注意到所教课程的教材,可以做到把握教材编者的整体意图,根据学生水平调整教学顺序。高层次的宏观备课注意到教学大纲,可以做到统观全局,把握教学脉络,全面规划教学任务。

(3)备教材与备学生结合

“备教材”是指研读、分析教材，并据此安排教学内容。教师首先需要全面理解教材，不懂的地方要通过查阅资料、请教他人等方式搞清楚。教师还需要在理解教材的基础上，理解教材编者的意图，形成自己的教学方案。备教材的同时也需要“备学生”。教学任务的取舍偏重必须考虑到学生的实际情况，例如，很多东南亚学生能够理解声调的概念，但容易犯规律性的错误，所以备课重点应该在纠正声调错误上；欧美学生不容易理解声调，所以备课重点要放到声调概念的建立上。教师应该通过作业、测试、聊天、座谈等方式多方面了解学生，提高备课的针对性。这是教学意识中“教学对象意识”在教学环节上的体现。

(4)备内容与备方法结合

根据教材及学生的水平确定好授课内容后，还需要确定教学方法。教学方法包括讲授的方法、练习的方法等。以语法点的教学为例，涉及如何展示、如何解释、如何操练等多个方面。广义的方法还包括板书如何设计，应选用哪些教具等。这些都需要教师在备课时安排妥当。这是教学意识中“教学方法意识”在教学环节上的体现。

3. 关于集体备课

“备课”通常指教师发挥个体才智进行的个人备课。不过，个人备课也有其不足之处(比如，新手教师在初次备课时缺乏经验，如果没有经验丰富的教师指点，不容易快速适应教学)，于是便有了“集体备课”。关于集体备课的优缺点，学界众说纷纭。我们认为，需要结合不同学科专业的特点来判断集体备课的优劣。就汉语作为第二语言教学来说，集体备课是比较符合本学科专业特点的备课方式。

语言能力包括听、说、读、写等方面的能力，语言学习者的各项能力需要协同进步、共同提高。常见的课程设置模式是一门综合课带多门专业技能课，各门专项技能课需要围绕综合课齐头并进，教师在备课时不得不考虑其他课程的教学内容和教学进度。集体备课可以协调各门汉语课程之间的关系，使教师在课堂教学时有所取舍，避免出现重复教学的情况。从这个意义上说，集体备课很适合汉语作为第二语言的教学。汉语教学的集体备课需要注意以下几点：

第一，不仅要重视相同课程的集体备课，更要重视不同课程的集体备课。集体备课在我国中小学教育中相当普遍，这种集体备课多由教研组组织，一般在使用同一教材的平行班中进行，是同课程的集体备课。这种集体备课的目的在于群策群力，共同提高，还能以老带新，使新手教师迅速进入角色。学习汉语的留学生班级也存在平行班，汉语作为第二语言教学也需要这种备课。不过，在推动这种同课程的集体备课的同时，我们更应该积极推动同一个班学生不同课程的集体备课。同班不同课的集体备课，有助于协调各课程的进度，有助于知识点的相互补充，避免出现水平差距过大或知识点重复教学的情况。总之，汉语作为第二语言教学中不同课程的集体备课尤其值得重视。

第二，当教师具备一定的教学经验后，应以个人备课为主、集体备课为辅。在汉语作为第二语言教学实践中，个人备课的地位高于集体备课，其中原因有三点：首先，个人备课是集体备课的基础。集体备课能吸收个人优点，避免个人缺点，但如果没有个人备课，集体备课就没有扬长避短的基础，也就无法促进教师的成长。其次，备课应该个性化。教学活动不是千篇一律的，而是教师根据大纲和教材进行的创造性活动，充满了教师的个体智慧。个性化教学体现了教师鲜明的教学风格，常常为学生所喜爱，因此教学个性不能被集体备课所抹杀。再次，汉语作为第二语言教学的教学对象个体差异往往较大，各班的情况也常常不同，如果机械地要求各班按照一个固定的模式进行教学，效果往往不佳。因此，我们主张，在集体备课之后，教师个体应根据集体讨论的结果进一步补充和提高自己的教案，形成充满集体智慧的个性化教案，从而实现对集体讨论结果的个体化理解、认同和实施。综上，科学的备课过程应该包括个人基础备课、集体讨论备课、个人提高备课三个部分。其中，个人基础备课和个人提高备课是最重要的。

(二)导入

1.导入的概念

备课是教师的单方行为，授课是师生的双方行为；备课内容学生不必了解，授课内容学生则必须了解。学生积极参与课堂需要一些前提：对课堂任务有所了解；对课堂内容产生兴趣；与教师关系良好、互动顺畅。这就要求教师在备课和正式讲授之间增加一个中介环节，这个环节便是“导入”环节。导入环节是指教师带领学生进入课堂教学的教学环节。该环节鲜明地体现了教学主体双方的互动，“导”是教师引导，引导的对象是学生；“入”是学生进入，进入的对象是教师主导的课堂。

导入有广义和狭义之分。狭义的导入指新课导入，指教师使用一定的方法，激发学生的学习欲望，集中学生的注意力，指明学生的学习任务，让学生乐于进入教师所主导的课堂进行听讲。广义的导入指课堂的起始阶段，除包括狭义的导入外，还包括进入教室、和学生打招呼及聊天、检查复习/预习情况、检查作业，甚至点名签到等行为。本书的“导入”如果没有特殊说明，均为狭义的导入。

2.导入的目的

导入的目的通常有两点：一是集中学生的注意力，激发学生学习的兴趣。聚拢学生的注意力能让学生做好上课的准备。上课的时候，一个好的导入能有效地将学生因下课被分散了的注意力重新集中到教学上来。二是为学生做好知识上的准备。我们知道，知识点之间往往是有关联的。当前后两节课的知识点有联系的时候，通过对前一节课学过的知识点的复习和回忆，能为接下来的新课教学做好准备，学生的学习也会更加顺利。

3.导入的方法

导入的方法有很多，常见的有直接导入、以旧带新导入、设置情境导入、对话讨论式导入、叙述故事导入和设置悬疑导入等。直接导入是教师直接告知学生接下来要学习的内容、重难点和教学目标的导入方法。以旧带新导入是通过复习与新知识相关的旧知识来导入的方法。设置情境导入是指教师通过创设情境来让学生获得认知和情感体验，从而激发兴趣并启发联想和想象的导入方法。对话讨论式导入是师生就与新课内容相关的话题进行对话、讨论来导入课堂的方法。叙述故事导入是通过叙述与新课内容相关的故事来导入课堂的导入方法。而设置悬疑导入则是通过设置悬疑来激发学生学习兴趣的一种导入方法。教师应根据实际需要，选择合适的导入方式。一般来说，好的课堂导入环节往往是联系现实情境或学生实际的，比如要讲与旅游有关的课文，就可以采用让班内学生介绍旅游经历的方式来进行导入，因为这样的导入容易引起学生的共鸣，从而吸引学生的注意力。

4. 导入的要求

(1)相关

导入一般都需要跟新课内容相关。导入在内容上一般是指向新课的，目的在于激发学生对新课内容的学习欲望。如果导入与新课内容无关，那么这个导入很可能是无效的。

一节综合课由生词、新语法点和课文等部分组成，课文经常是要被导入的内容(也就是说，课文常常是导入环节所指向的内容)，但并非课文中的任何内容都适合安排到导入环节。课文是一课的主体，课文的主要人物、主要事件、中心思想都适合被导入，但课文中不重要的人物和情节不适合作为被导入的内容。语法点有特别重要的，也有不是太重要的。特别重要的语法点适合被导入，不太重要的语法点不太适合被导入。生词一般不作为导入内容，不过有些生词在课文中的重复率很高，跟课文主要内容密切相关，甚至是全课的话题，也可以被导入。

(2)有趣

导入环节的一个目的是激发学生的学习兴趣，那么“有趣”便是一个重要的要求。学生学习兴趣的激发、注意力的集中很多时候要归功于导入的“有趣”。有趣可以体现在内容的设计上，一则故事、一个游戏、一首歌、一幅简笔画等都可能是学生感兴趣的；也可以体现在语言的幽默上，妙语连珠的语言会给学生愉悦的感受。

有趣的导入还需要能启发学生的思考。巧妙地设计出学生感兴趣的问题，有助于激发学生的求知欲望，使学生愿意主动寻求问题的答案，愿意走进教师设计的课堂中。

(3)简洁

导入的功能是缩短学生与教学内容的距离，让学生快速了解教学任务。这个过程不宜拖沓冗长，否则容易喧宾夺主，使学生抓不住重点，导致学生出现倦怠心理。在时间上，导入环节一般不超过五分钟，最好两三分钟就完成导入环节。当然，教师可以根据实际情况适当延长导入的时间，但总体上宜短不宜长。

(4)多样

如前所述，导入有直接导入、以旧带新导入、设置情境导入和对话讨论式导入、叙述故事导入、设置悬疑导入等多种方法。导入的目的是激发学生的兴趣，如果一成不变地使用某种导入方法，则容易让学生产生厌倦情绪，不能达到预期的效果。导入的方法可以而且应该是多样的，一方面，教师应该努力根据课文与周围环境、当前事件、文化背景等的关联来合理选择导入的方法。另一方面，教师应该不断提升自己的教育教学技能，增强导入的吸引力。

5. **导入实例**

以下展示两个真实的案例，以方便读者更深入地领会导入的方法。

(1)“把”字句的引入

课堂开始，教师进入教室中(此时教室的门是敞开的)，站到讲台上说：“某某某，请把门关上。”然后教师把“把门关上。”这个句子写在黑板上。接着，教师又说：“请大家把书打开。”与此同时，教师把“把书打开。”这个句子写在黑板上。随后，教师告诉学生：“同学们，我在黑板上写了两个句子，这两个句子有个共同的特点：它们都有个共同的字——‘把’，这是我们今天学习的一个重点，这种句子叫作‘把’字句。在学习‘把’字句之前，我们先来学习……”这是一个结合现场情境的导入。

有人会对这种导入方法产生疑虑：学生还没学过“把”字句，就用包含“把”的句子发出课堂指令，学生理解起来会不会有困难？会不会导致课堂难以继续下去？这个担心是多余的，因为当教师说“把门关上”“把书打开”的时候，虽然学生可能还不能很准确地理解，但现场语境能够在一定程度上弥补这一点，教师还可以辅以动作，帮助学生理解。一旦学生把这些话和事件联系起来，他们就会对“把”字句形成初步的理解。如果教师在说完相关句子后进一步把这些句子写在黑板上，学生的印象将会更加深刻。这样的导入能够诱导学生关注即将学习的重点内容，是一种很好的导入方式。

(2)《二泉映月》的引入

本段导入的教学对象是一批来华访问的泰国中小学校长。这些中小学校长大多为泰国的华侨领袖，小部分为略懂汉语的泰国本土友好人士。他们来华的目的是了解中国文化。教师通过讲座的形式向他们介绍中国文化。因为只是一次临时性讲座，所以这些中小学校长到达讲座现场的时间并不统一，有的来得早，有的来得晚。在此情况下，教师一言不发，只是在中小学校长们走进教室的时候播放了一曲《二泉映月》。音乐结束之后教师问：“好不好听?”校长们答：“好听。”于是，教师开始对歌曲进行介绍：“这首歌曲是一首典型的中国传统歌曲，可看作是中国传统音乐的代表。你们有没有觉得这首歌曲跟泰国的歌曲很不一样?”教师进行进一步的介绍：“《二泉映月》是中国非常著名的一首古典音乐，具有鲜明的中国传统文化特点，能够在很大程度上代表中国传统文化。那么，今天我们就来一起学习、了解中国文化。”

《二泉映月》的导入采用了播放音乐等大家乐于接受的形式，让学生对《二泉映月》有了初步了解，并使学生被音乐所深深吸引，从而想更深入地了解它，那么学生继续学习下面的内容就顺理成章了。

总之，最好的导入就是既能引出新知识，又能引导学生为新知识的学习做好思想和精神准备。

(三)讲授

1.讲授的概念

教师利用导入环节把学生的注意力成功吸引到课堂上来以后,就需要把准备好的语言项目传授给学生,课堂教学于是进入讲授环节。讲授指的是教师对语言项目进行解释说明,以使学生理解和接受的教学环节。该环节最值得教师重视:教师讲授水平是影响学生理解和掌握语言项目的主要因素,讲授风格是影响学生学习兴趣的关键因素,因此,教师讲授的好坏直接决定了教学质量的优劣。

2.讲授的要求

(1)层次清晰

这个要求包含了两层含义:一是讲解的整体内容要层次清楚。这要求教师对先讲什么、后讲什么要做到心中有数,不能出现教学顺序颠倒的情况。二是讲某一具体知识点的时候要层次清楚。教师在讲解语法点前应先搞清楚该知识点包括哪些层面,即它的结构、语义、用法分别是什么,然后要一层一层地讲,不能讲乱顺序,如果顺序讲乱了,就会造成学生理解上的困难。教学中,我们常会遇到"教师越讲学生越糊涂"的情况,这有时候就是由于教学逻辑混乱、层次不清造成的。总之,层次清晰是讲解的基本要求,教师必须努力做到。

(2)详略得当

详略得当是教学的基本要求。它要求教师在授课的过程中不能总想着把所有的知识都教给学生,也不能对所有的知识点都平均用力,而是要有所讲有所不讲、有所详讲有所略讲。我们知道,在汉语作为第二语言教学实践中,不同语言项目的重要性是不同的,难度也是不同的。对于那些重要的、比较难的语言项目,应该详细讲,多花些时间讲;对于那些不太重要的、相对比较容易的语言项目,可以不讲或略讲。例如,动补结构是汉语特有的结构,学生使用时常常会出现偏误,需要详讲;而主谓、动宾和联合等词组类型是多数语言都具有的,并非学生学习的难点,在教学实践中就要尽量少讲或不讲。再如进行词语讲解时,要把词语最主要的义项和课文中出现的义项讲清、讲透,其他义项则要根据学生的汉语水平有控制地讲授。

详略得当原则与我们前面提到的“精讲多练”原则内在契合。“精讲多练”原则要求教师“精讲”、学生“多练”。这里所说的“精讲”,就是要“少而精”,即教师要对讲授内容精挑细选,该讲的讲、不该讲的不讲,该详讲的详讲、该略讲的一定略讲。

要做到讲解详略得当,教师需要做到以下三点:①有“讲解要详略得当”的意识;②懂得哪些是难点、重点,哪些不是难点、重点;③掌握简洁、清晰讲解知识点的技巧(需要说明的是,在实际操作中,“详讲”并不困难,困难的往往是“略讲”——寥寥几句就把问题讲清楚比长篇累牍地把问题讲清楚难多了。因此,教师要增强用简单话语把问题讲清楚的能力)。

(3)化难为易

讲解的目的是为了帮助学生掌握所学的知识,前提是学生能够理解教师所讲的内容。为此,教师应该努力做到化难为易,也就是说,教师要努力把繁难的问题用简单的话语讲解清楚。为此,要做到以下几点:

第一,应该了解学生现有水平。这包括了解学生现有的语言水平和现有的知识储备。只有准确了解了学生的现有水平,教师的讲解才能做到有的放矢。

第二,要努力做到从已知到未知。教师讲解语言项目应该联系学生已知的语言项目。如果教师讲授新的语言项目时不结合已学的相关语言项目,就会增加学生的学习难度,不利于学生接受。已学知识的复习,可以在导入阶段进行,也可以在讲授阶段进行。讲解的时候,教师话语应该尽量容易,以方便学生理解。

第三,要努力做到循序渐进,逐步提高。这就是要贯彻本书第三章第四节谈到的“$i+1$”教学原则。之所以是“$i+1$”而不是“$i+2$”或“$i+3$”，是因为只有“$i+1$”难度（比学生现有水平略高一点）的讲解才是学生能够理解和接受的。按照这一原则，我们的教学内容应该在学生现有的水平“i”的基础上增加一点点难度。至于这“一点点难度”是多少，则需要根据学生的实际情况来预测，并在教学实践中不断验证，最终摸索出适合学生的教学难度。难度预测能力是汉语教师的一种重要能力，教师课前可以先预测学生学习的难点，课上观察、检验学生的接受情况，课后把自己的预测和学生的接受情况进行对比，总结并发现问题，不断提高自己的难度预测能力。

(4)多感兼顾

语言教学主要依赖听觉和视觉（一般情况下，口语教学多依赖听觉，书面语教学多依赖视觉）。声音往往稍纵即逝，而图像则具有相对的稳定性，对人感官的刺激也更加具体。因此，在可以借助教具的情况下，教师应该努力使用直观的教学方式进行教学。常见的直观教学方式包括实物、动作、图片、简笔画、视频等。教师应积极通过网络获取教学资源，并积极通过多媒体将这些教学资源展示出来。语言教学离不开板书，重点词语、语法结构、图表等都可以用板书的形式呈现。板书以视觉的形式呈现，相较于口头语言，板书的直观性更强，所以汉语教学实践中应该重视板书对学生视觉记忆的调动作用。当然，汉语教学也需要尽量调动学生的触觉、嗅觉、味觉等感觉，不过，因这些感觉在教学中被触发的机会较少，所以受到的关注不多。

(5)介绍与启发结合

语言项目的讲授可以是直接介绍式的：教师首先以听觉或视觉的形式告诉学生语言中存在某个语言项目，然后让学生进行操练。这种讲授方式简便易行，但有些忽视学生的主观能动性。事实上成年学生已经具备较强的逻辑思维能力，教师完全可以合理利用这一点，通过为学生创设环境，让他们在练习中受到启发并自己总结规律，在此基础上，教师再稍加点拨、表扬即可。这样做的好处是：学生不仅锻炼了思维，提高了自信，还增强了学习兴趣。

(6)确切、清晰、生动

确切包含明确、正确和准确的意思。确切包含以下几层意思:首先,内容要明确。课堂上该讲哪些内容,讲到什么程度,教师在备课时就应该确定。讲授的时候也要时刻记得最初的计划,不要随便因为意外情况大幅改变最初的计划。比如,如果课堂上出现学生突然问一些超过预期的问题,那么教师就应该尝试尽快处理完成,并尽早回到计划中的教学方案上来。其次,内容要正确。教学内容错误,会将学生带入歧途,所以讲授内容准确是底线。在课堂之外,教师应该在专业知识方面多花工夫,持续提升自己的水平,避免在讲课时出现"硬伤"。最后,语言表达要准确。应尽量避免因语言表达不准确而导致学生理解出现偏误的情况。比如,不能简单地用"or"来解释"或者"和"还是"——如果这样解释的话,学生可能会说出类似于"你吃苹果或者香蕉?"这样的句子。

清晰是指教师讲授思路清晰、合乎逻辑,还指教师发音清楚、没有歧义。教师讲授达到了"确切"的要求只能保证其讲授内容正确无误,并不能保证学生理解轻松。要想帮助学生轻松理解讲授内容,教师的讲授还得合乎"清晰"的要求。思路清晰的教师的讲解会合乎事物的发展规律和学生的理解规律,不会颠三倒四。语言清晰的教师声音洪亮、吐字清楚,会努力避免歧义现象的发生。

生动是对教师课堂语言和体态的要求,是更高层次的要求。好教师会在"清晰"的基础上注意语句的简洁、语速的适中及语言的幽默。语句简洁和语速适中能进一步减轻学生理解的负担,给学生以美的体验。语言风趣幽默能提高语言的感染力,增强课堂的吸引力,展示教师的个人魅力,从而增强学生对教师和课堂的认同,最终有助于提高学生的语言能力。

3.板书设计

在授课过程中,教师免不了还要配上一些板书内容,以辅助讲解、标明重难点,加深学生对新知识的印象。

板书设计也是需要技巧的，哪些内容需要写在黑板上，哪些不用写在黑板上，这是非常重要的，因为黑板的空间是有限的。一般来说，板书的内容应该是纲要性的，并且是美观、明晰的，能够提示教学的重难点并帮助学生理清知识点之间的逻辑。

4. 讲授示例

下面我们以比较“刚才”和“刚”为例谈谈讲授环节[①]。此类对比词语的讲授，一般需要先举一些例句，见表 7－1。

表 7－1　“刚才”和“刚”语义差异例句

刚才	刚
A1. 刚才她还在这儿，现在已经走了。	A5. 她刚走。
A2. *[②]去年 9 月他刚才到北京，就认识了这位中国朋友。	A6. 去年 9 月他刚到北京，就认识了这位中国朋友。
A3. * 我估计明天他刚才到你就得走了。	A7. 我估计明天他刚到你就得走了。
A4. * 我刚才工作了一年，经验还不足。	A8. 我刚工作了一年，经验还不足。

通过这两组例句，教师可以带领学生归纳“刚才”和“刚”的语义差异：“刚才”与“现在”相对，以说话时间为基点，指该基点前不久的一段时间，如 A1 句；而“刚”则以动作或事情的发生为基点，可以用于过去和将来，指动作或事情发生不久的一段时间，如 A6 句和 A7 句。另外，“刚”表示的是说话人感觉某个动作或事情发生的时间不久或不长，带有主观性，如 A8 句。

讲解完“刚才”和“刚”语义上的区别，教师应继续说明二者在词性和用法上的不同。首先，教师可以告诉学生，“刚才”是时间名词，就像“今天”“现在”一样；“刚”是副词，就像“就”“才”一样。再举例说明二者用法上的不同，见表 7－2。

① 提示：学生已经学过“刚才”。

② 在语言学研究中，句前加“ * ”表示该句不符合语言规范，是病句。

表 7－2 “刚才”和“刚”用法差异例句

刚才	刚
B1.刚才真热。	B6. * 刚真热。
B2.刚才的事我都忘了。	B7. * 刚的事我都忘了。
B3.现在比刚才凉快些了。	B8. * 现在比刚凉快些了。
B4.刚才他打了个电话。	B9. * 刚他打了个电话。
B5.他刚才打了个电话。	B10.昨天你刚走,他就来了。

教师应该引导学生归纳出“刚才”和“刚”在用法上的差别:“刚才”可以做主语(B1)、定语(B2)、介词宾语(B3)、句首状语(B4)、主语后状语(B5)等,而“刚”则只能在主语后做状语(B10)。到此为止,这个语言点的讲授环节便完成了。

此次讲授过程基本做到了讲授的一般要求:此讲授从语义和用法两方面讲解,层次清楚,且详略得当,简洁明了;由于学生在本次课程之前已经学过“刚才”,故遵守了“$i+1$”原则;借助板书并引导学生自己归纳,也做到了多感兼顾和启发的要求。

(四)练习

1.练习的概念

练习是指学生对所学的语言项目进行操练,将所学的语言知识转化为语言能力的教学环节。汉语作为第二语言教学离不开语言技能训练,练习在汉语作为第二语言教学中占有不可忽视的位置。汉语作为第二语言教学中最重要的一条教学原则是精讲多练原则,这条原则也决定了练习是汉语作为第二语言教学中极为重要的教学活动。

练习环节虽然以学生行为为主,但需要教师来主导或引导:学生要做哪些练习,一般由教师设计和确定;练习需要在教师的监督下进行;练习的正误一般要由教师来判断。此外,练习环节一般要建立在教师充分讲授的基础上,“精讲”可以避免练习中出现很多错误,确保练习环节顺利推进。

2.练习的要求

(1)主次分明

练习环节通常安排在讲授环节之后,是针对讲授内容的训练。也因此,一般情况下,练习应能反映讲授环节的基本面貌。在讲授环节中,重点、难点需要详讲,次要内容可以略讲;相应地,练习环节也应突出重点,不能平均用力。练习追求主次分明,体现了我们对课堂效率和教学质量的追求。

不过,讲授中略去的部分有时可以在练习中有所体现。比如,前面我们提到,不提倡教师花大量的时间去逐一讲解生词(因为词汇知识是相对独立的,借助词典和课后的生词表,学生很容易自学),但教师可以通过布置预习作业来帮助学生掌握这些生词。

(2)数量充足

练习要保证一定的数量。学生练习出现错误时,教师需要增加练习量以保证学生正确的输出;学生回答正确后,教师有时仍然需要给出一定量的练习,以帮助学生从正确走向熟练。对于第二语言学习来说,从理解到正确使用需要语言实践,从正确使用到熟练掌握也需要语言实践,而后者恰恰是教师常常忽略的。

(3)灵活多变

练习需要避免单调乏味,应对策略是变换使用多种练习方式。以读生词为例,可以有教师范读、教师领读、学生个别读、学生齐读、学生分组读等多种形式,教师应灵活选取其中的几种形式进行练习,避免教学过程机械化。不过灵活多变不是多多益善,练习多少、采用几种形式,要看实际需要。教师可以在教学过程中设计形式新颖的练习,但要避免形式主义,一切要为取得好的教学效果服务。

(4)控制难度

教师在设计练习时要注意控制难度。练习难度应符合学生现有水平,是学生在努力之后能够完成的。过难或过于简单的练习，都是无效或低效的练习，这也符合“$i+1$”原则。值得注意的是，每个练习都应有明确的目的，应努力排除干扰因素，不能让与该语言项目无关的因素增加了不必要的难度。

控制难度时，应注意练习难度的“阶梯性”。一般情况下，应从基础的练习开始，由易到难，逐步推进。一般不应省去基础练习而直接进入高难度练习环节。例如，课文的处理，其难度依次是朗读课文、熟悉课文、复述课文、改编课文等，复述课文必须以前二者为基础，同时它又是后面环节的基础。教师要为学生铺设一级一级的台阶，让学生踩着台阶一步一步往上走，并最终登上峰顶。

难度控制还应注意练习的针对性，要注意针对每个学生的实际水平控制难度。给语言能力弱的学生分配难度稍低的练习，以避免挫伤他们的积极性；给语言能力强的学生分配难度稍大的练习，以起到示范作用。

(5)及时反馈

练习的结果有正确、有错误，正确的结果要给予学生简洁、明确的肯定。如果学生能够出色地完成练习，还应该给予适当的表扬，树立学习榜样。对于练习中的错误该如何处理，学界一直争议不断。我们认为，应该做到以下几点：第一，对待错误不能听之任之，对学生的错误不管不问就是一种默认，学生的错误就会被不断强化；第二，纠正错误要有轻重缓急，一次纠正过多错误，不利于学生有针对性地改正，应该首先纠正正在训练的语言项目的错误和比较严重的错误；第三，应努力提升预测学生错误的能力，在讲授时就提醒学生不要犯那些常见的错误。

(五)总结

1.总结的概念

讲解和练习结束以后，教师需要对教过的内容进行总结。总结是教师对学生已学过的内容进行梳理、归纳和概括的教学环节。该环节可以进一步凸显教学的重点和难点，强化学生对关键信息的理解和把握，也可以帮助学生进一步理清教学内容的内在逻辑，因此是促进学生进一步掌握所学内容的重要途径。

2. 总结的要求

(1)强调重点，建立体系

总结应该概述整个教学过程的主要内容，并突出强调重点和难点。对于比较重要的词语，比如虚词，应再次强调其重要性，并对该虚词的学习要点进行重复。总结也可以适当回顾以前学过的内容，比如，在学可能补语结构时，可以联系前面课文学过的状态补语结构，比较它们的异同，以加深学生对新旧知识的理解与把握。

(2)教师引导，学生回忆

总结是对教学内容的回忆，教师不能代替学生来回忆：应该引导学生自己回忆，教师适当引导即可。学生在教师的指导下回忆学过的内容，能够不断强化对已学知识的记忆并重新建构自己的知识体系。学生回忆完成以后，教师可再适当概括总结。

(3)言简意赅，画龙点睛

总结不宜占用过长时间，其语言应该简练有力。总结的内容应该直指本质，画龙点睛。如果总结过于冗长，学生的注意力容易被分散。为了达到简洁化的效果，教师可以使用列表法、图示法等方式进行总结。

(六)作业布置

1. 作业布置的概念

语言的学习需要持续的操练。课上的操练是练习环节，课下的操练是完成作业。作业布置环节是指教师给学生布置课外作业，让学生在课下完成作业的教学环节。

布置作业有两个作用，一是帮助学生巩固所学知识，二是帮助教师了解学生的学习情况。艾宾浩斯遗忘曲线显示，遗忘与记忆相伴而生——记忆刚一开始，遗忘就随之出现，而且最初的时间遗忘得最快。写作业可以帮助学生降低遗忘率，因此要及时巩固当天所学内容。作业也是一种非正式的评价方式，教师可以通过对学生作业的检查或批改检验教学效果，发现学生出现的问题，并基于此改进课堂教学。

2. 作业布置的要求

(1)作业量不是越多越好

语言学习需要大量的练习，但大量的单一练习常常会让学生感到枯燥乏味。课堂练习环节有教师的控制，学生还可以做到“多练”。布置课外作业是让学生在脱离教师主导的情况下进行操练，学生自控力参差不齐，布置大量的作业可能导致部分学生无法完成作业或产生排斥心理。因此课外作业的布置并非越多越好，应该在适量的基础上，精心设计针对教学重点和难点的作业。不同课型的教师要及时沟通，避免作业总量超过学生可承受的范围。不同的学生，作业量可以有一定的差异。对于那些接受能力强的学生，教师可以增加额外的作业，以适合其语言水平。

(2)难度不宜过高

课堂操练的难度应呈现阶梯状：先进行较容易的，后进行较难的，最后进行最难的。课堂练习环节有教师的主导，学生在教师的帮助下可以完成难度较大的练习。课外作业需要学生独立完成，如果作业难度过高，学生无法有效完成，则容易产生挫败感，影响学习情绪。原则上不应布置难度太高的作业。教师布置课外作业时，应就大多数学生而言，取练习难度梯度处于中间状态或中间略难等级的习题。

(3)尽量给予学生指导

作业的难度由三方面决定，一是作业的内容，二是题目的要求，三是学生的水平。学生如果因为不明白题目的要求而放弃作业或者低质量地完成作业，是非常可惜的。教师在布置作业时需要向学生解释题目的要求、完成步骤与方法，鼓励学生先复习再完成作业。同时，教师还可以利用网络聊天软件指导学生，通过网络聊天软件及时为学生答疑。

（七）教学反思

1. 教学反思的概念

备课是对课堂教学的提前设计，是建立在对学生接受能力预测的基础上的预想，这些预想在课堂教学中得到检验后，需要及时加以总结、反思，这就是教学反思环节。教学反思环节是教师课后对课堂教学过程进行批判性总结和反思的教学环节。教学反思环节可以帮助教师改进教学，提高课堂教学能力，还能够训练教师的教学研究能力。需要指出的是，教学反思是广义上的课堂教学环节。

2. 教学反思的要求

（1）以总结不足为主

课堂教学会有成功的一面，也会有失败的一面。课堂教学结束以后，教师会觉得某些地方的教学效果很好，能够引起学生的共鸣，这些成功之处需要总结经验，并保持推广（尤其值得总结记录的是那些灵感，灵感稍纵即逝，如果不及时记录，可能会很快遗忘）。成功之处固然值得总结，但失败之处更需要吸取教训，更具有总结反思的价值。备课的过程往往考虑不到那些不确定因素，课堂教学中的败笔往往是由这些不确定因素造成的。及时总结这些败笔，能使一些不确定因素确定化，减少课堂教学中的败笔。

（2）以反思备课为抓手

教学反思需要反思课堂教学环节的设置、教学行为的实施、教学方法的使用等诸多方面。我们认为教学反思可以从对备课的反思入手。教师备课时需要从教材、教法、学生三方面考虑，课后也要从这三个方面对备课进行反思。教材的处理是需要反思的。比如，教师在上课时发现，重点和难点讲解时间预留过少，讲得不清楚，就要反思重点和难点的时间安排问题。教学方法是影响教学效果的重要因素。教学结束以后，教师应反思教学方法的选择是否恰当,教学方法的使用是否合理。相较于教材和教法,学生的反应更需要反思。备课时教师往往会预判学生的课堂反应,上完课后,教师应根据学生课堂上的实际反应来对备课时的预判进行评价,以便持续提高自己的预判能力。

三、各种课型的教学环节

前面讨论的教学环节是汉语作为第二语言教学最常见的几个环节。事实上在不同课型里,教学环节也不尽相同。汉语作为第二语言教学的课型主要分为综合课和专项技能课两类,其中专项技能课又分为听力课、口语课、阅读课和写作课等,分别对应着听、说、读、写等语言技能。综合课与专项技能课的关系是主辅关系:综合课是主课,讲新内容,并对听、说、读、写等各项技能都进行训练;专项技能课对综合课所学的各项技能进行专项练习,是对综合课的一种辅助。

(一)综合课的教学环节

1.综合课教学环节的顺序安排

如前所述,基本教学环节包括"(备课)—导入—讲授—练习—总结—布置作业—(教学反思)"等,其中最重要的环节为"讲授—练习"环节组。这个环节组与生词、课文、语法这些教学项目组合,就形成了"生词讲授—生词练习""语法讲授—语法练习""课文讲授—课文练习"等子环节组,这些子环节组合在一起,就构成了"生词处理、新语法点处理、课文处理"等环节。

综合课教材中每课内容基本上都包括四个部分:第一部分是课文;第二部分是生词;第三部分为语法点或语言点,包括一些注释;第四部分为练习。教材这样安排就是提示我们,在整个教学过程中要进行生词、语言点、课文等项目的教学和相应练习。那么,这些环节该如何安排呢?由于一般练习(特指课后的练习)总是在最后处理,所以当我们讨论这一问题时,主要讨论如何安排生词处理、语法处理和课文处理的先后顺序即可。

一般来说可以有三种安排：第一种方案是先讲生词、语法，后讲课文；第二种方案是先讲生词，然后讲课文，在讲课文的时候穿插着讲语法；第三种方案则是打乱来讲，比如先讲部分生词和语法点，剩余的生词和语法点在课文中讲。

笔者认为，无论使用哪一种方案，都没有根本性的错误，但教学效果会有所不同。选择先讲哪个后讲哪个，不能取决于教师喜好，而是要看学生所处的学习阶段。学生汉语学习大体上分为以下几个阶段：起点阶段、初级（起点后）阶段、中高级阶段。对于这三种不同类型的学生，教学环节安排应该是差异化的。

(1)起点阶段

起点阶段是指学生刚开始学习汉语的阶段，学习时间一般少于一个月。这一阶段需要学习的内容包括语音知识、词汇、课文（对话）、简单的语法教学和练习。常见的初级综合课本第一课课文是：

A：你好！

B：你好！

A：谢谢。

B：不用谢！

A：再见。

B：再见。

课后生词是“你”“好”“谢谢”“再见”等词；课文的语言点是汉语的音节。对于此类简单的课程应如何安排教学环节呢？首先，教师可以从生词学习入手，在学习生词的时候介绍语音知识，说明音节由声母、韵母和声调三部分组成。然后要对生词进行扩展，比如讲“你”“好”之后，教师可以把它们合并到一起形成“你好”并写在黑板上。而“你好”实际上就是课文中的句子了。由于这一阶段的课文非常简单，所以我们基本上可以用课后的生词把课文中的句子都带出来。也就是说,对生词进行练习的时候实际上就是在学习课文。等教师把生词讲完了,学生也基本上把课文掌握得差不多了,此时,教师再对课文稍加强化就可以了。

总之,面向零基础学生的综合课教学,可以先学生词,再通过生词带出语音、带出课文,最后对课文进行强化。

(2)初级(起点后)阶段

初级(起点后)阶段是指学生已经有了一点儿汉语基础,但学习水平还处于初级的阶段。这个时候,通常也是语法学习的关键期。这一阶段的教学环节该怎么安排呢?

一般来说,先讲生词,再讲语法,最后讲课文。具体地说,是先讲生词,然后在讲语法的时候用生词进行扩展(能把课文中的句子扩展出来最好,扩展不出来也没关系,因为后面还会讲课文)。生词里有实词、有虚词,一般来说,我们先把那些相对简单的实词讲完,再讲虚词。这一阶段学生要学的语法点主要是句型、句式和特殊结构,比如名词谓语句、"把"字句、可能补语、趋向补语等。语法点通常是比较复杂的,很难在一两分钟内把它讲清楚,有时候甚至要10～15分钟才能讲清楚并让学生完全掌握。如果在讲课文的同时讲语法,就会破坏课文教学的连续性和整体性,所以,我们主张讲完生词之后再讲语法,最后才学习课文。学完生词和语法之后再学课文,就会在学习课文的时候比较轻松。因为,这时学生不需要把太多的精力放在语法点的学习上,可以把注意力集中在课文理解和成段表达上,有助于学生语言交际能力的形成。

总之,初级(起点后)阶段的综合课教学,通常是先学生词,接着学语法,然后学课文,最后做练习。起点阶段和起点后阶段都属于初级阶段。初级阶段之后是中、高级阶段。

(3)中、高级阶段

中、高级阶段一般在讲课文的时候同时讲语法。原因有以下几点:第一,中、高级阶段的学生所学习的语法点通常都是虚词，虚词教学的复杂度要小于句型句式。一个虚词可能两三分钟就讲清楚了，在课文讲解过程中讲虚词不至于破坏课文讲解的连续性和整体性。第二，虚词教学高度依赖语境。虚词的主要功能就是句法功能，在课文中讲虚词，更容易让学生在具体的语境下理解这些意义抽象的虚词的用法。第三，中、高级阶段的词汇量比较大，各个生词之间的联系没有那么紧密，如果在生词学习阶段就花大量的时间把虚词一个一个地讲清楚，会让学生觉得很枯燥。

当然，也可以有其他安排教学环节的方式。比如，有的教师延续初级阶段的做法，在课文学习之前先学习语法（虚词）。这样做也并不是说绝对不行，只是会让生词学习环节变得冗长（中、高级阶段生词很多，虚词的学习会花很长时间）。再如，还有的教师把语法（虚词）教学分解为几部分：在讲生词的时候，对虚词进行简单的讲解，不纠缠太久；学课文时，也不把虚词学习作为重点，只是结合语境略加解释；最后在学完课文之后，教师又将这些虚词拿出来进行复习、强调、总结。不过，后一种方法使用的教师比较少。

总之，中、高级阶段的综合课教学，学生在学完生词以后，课文和虚词的讲解顺序前后均可，但以在课文中讲解虚词者居多。

2.综合课各环节的教学过程

(1)综合课的生词教学环节

生词教学要注意以下几个问题：第一个问题是生词的教学模式。生词有两种主要教学模式，第一种是教师讲解，学生跟着学习的模式。教师一个词一个词地讲解，学生跟着教师去学习这些生词，这是很多教师经常使用的一种模式。第二种是以学生自学为主、教师检查和点拨为辅的模式。第二种模式实际上还有一些变体，比如合作学习模式，通过小组合作完成任务并比赛的方式，引导学生学习生词，教师检查学生对生词的掌握情况。至于采用哪一种模式，因人而异。笔者个人倾向于使用第二种模式，即学生学习，教师检查，并加以点拨。但教学中不能只使用一种教学模式，笔者建议变换使用不同的教学模式：大多数时候可以采用让学生自学，教师检查并点拨的方式来进行词汇学习；有时候，如果学生没有预习好，也可以采用教师讲解的方式。变换使用不同的教学模式，不容易让学生觉得生词学习枯燥无味。

第二个问题是生词教学详略问题。一篇课文中往往有很多生词，我们不能平均用力，在所有生词上花费一样的教学时间。应当根据生词的重要程度及生词的难易程度来决定时间分配，要统筹考虑每一部分分别要花多长时间来讲。一般情况下，我们应该选择那些重要的词语进行详细讲解，不重要的词语可以不讲或者少讲。这包含几层意思：第一，一般来说虚词是词汇，也是语法点，可放到语法教学环节中讲。第二，除了虚词之外，动词是比较重要的。因为动词是句子的核心，用法也比较复杂，包括能不能重叠，能不能带"着""了""过"，能不能带宾语等。讲动词要讲它的组合能力，即它能做什么句子成分，不能做什么句子成分，可以跟谁组合、不能跟谁组合。第三，形容词也比较重要，汉语中的形容词可以直接做谓语，形容词也有重叠的问题，但总体而言，形容词的用法没有动词复杂。第四，一般说来名词的重要程度要弱一些，用法通常也比较简单，但名词的量特别大，在词汇中占90%以上。名词主要关注量词搭配问题。所以在生词教学的时间分配上，应该有所取舍，把教学精力放在虚词、动词和形容词等重点词语上。

生词教学要注意详略得当还有另外一层意思：一个生词的教学，往往包括多个方面（比如怎么读、怎么写、什么意思、怎么用等），但这几个方面需要花费的时间也是不一样的，教学时一样要注意做到详略得当。在生词需要学习的几个方面中，读写是基础，用法则是关键。有很多教师不明白这一点，把生词教学的重点放在读写和语义的讲解上，这是不对的。生词教学应该与汉字教学结合起来，适当进行汉字讲解，但更重要的是要讲解每个词的用法。所以，不要花太多时间来讲解词义，更不要照读词典的释义。翻译也好，查词典也好，总之能让学生大概理解词的意思就可以了。重要的是给出语境，让学生会用这些词语，知道它们能跟谁组合、不能跟谁组合，能用在哪些结构中，不能用在哪些结构中，能用在句子的哪个位置，通常用于哪些场合，等等。

当然，对于一个个具体的词，它的重点又有所不同。比如名词，它的重点可能是书写问题，如“皮囊”的“囊”就不容易写；也可能是读音问题，比如说“姐姐”，它的发音对于越南学生来说是个难点。

第三个问题是生词讲解的顺序问题。可以依照教材里生词的顺序讲解，但最好重新组合起来讲解。教材中生词的顺序一般按照它在课文中出现的顺序排列，但生词讲解时就不必考虑这个顺序，可按照生词之间的相似性、相关性重新安排。比如教材中有一篇有关“把”字句的课文，课文里面有生词“乱”，也有“乱七八糟”，但这两个词在教材中的排序有一定的间隔。在讲课文的时候，教师完全可以把这两个词放在一起来讲，这有助于对它们进行比较。还有很多生词存在潜在的相关性，它们有可能用于同一情境之中，这时候，教师就应该有意识地把它们串到一起讲解。把几个词串在一起讲解有两个好处：一是相当于给出了这几个词出现的语境，有助于学生理解和掌握；二是这样做符合认知规律。当事物之间能够建立一种有序联系的时候，认知起来就比较容易；当事物之间彼此独立，或者排列混乱的时候，认知的困难就要大得多。

(2)综合课的语法教学环节

语法教学是综合课最重要的教学环节，学生能否在词汇学习的基础上遣词造句，说出合适的句子，训练出熟练的汉语语言技能，就要看语法教学环节实施得是否成功。语法是一个复杂的系统，比如表示比较的句型就有等比和差比、肯定与否定等多种类型。语法教学一般先由教师讲授。任何对语法教学不重视的教师，最终都可能会尝到苦头。有关本环节如何教学，可以参看本书“教学技巧”中语法部分的讨论。这里，我们要特别强调以下几点。

第一，新手教师在进行语法教学时，要避免犯以下几种错误。

①分不清语法教学和语法学教学。语法教学是技能训练，目标是帮助学生学会按照语法规则进行交际；而语法学教学是知识教学，讲的是理论，目标是帮助学生理解语法学理论，形成语法研究能力。很多新手教师不明白语法教学（乃至语言教学）本质上是技能训练，把语法教学课上成了语法学教学课，在课堂上大讲特讲理论，不组织或很少组织语言交际练习，这是缘木求

鱼，不利于学生语言交际能力的形成。

②讲解错误。语法现象十分复杂，想讲清楚并不容易。有很多新手教师对教材和教学大纲不熟，也没能及时吸收学界已有研究成果，导致在教学过程中常出现这样或那样的知识性错误。

③层次不清。一个语法点往往包含多个难度依次增加的层次。比如，“比”字句需要讲解的内容至少包括以下层次：

A 比 B+adj.

A 比 B+adj. +得多/多了

A 比 B+adj. +数量补语

A 不比 B+adj.

A 没有 B+adj.

“A 不比 B+adj.”与“A 没有 B+adj.”对比

……

上述层次必须一层一层地讲解，不能乱了顺序。很多新手教师对要讲解的语法点的内部层次了解不清，教学时可能出现混乱的情况。比如，在讲“A 比 B+adj.”这类结构时举例“我比他高多了”，这就很不合适，因为“我比他高多了”属于更高层次“A 比 B+adj. +得多/多了”，这样讲会让学生难以理解。

④讲练分离。有些新手老师习惯于先把语法知识一股脑儿地讲给学生听，然后再安排一大堆练习。这样做也不利于学生的习得：一下子讲很多知识，如果没有配合及时的练习，学生便很难消化，后边做练习的时候也难以高质量地完成。

(3)综合课的课文教学环节

不同阶段的综合课课文长度是不一样的，初级阶段的综合课课文通常是一些对话，表现为一问一答的形式。中、高级阶段的综合课课文一般是短文乃至长文。

①初级阶段的课文教学。初级阶段的课文教学一般是会话教学，教学目标是让学生熟悉课文并能复述课文，最好能学会改写或进行创造性的模仿表

达。初级阶段的课文教学需要完成以下环节中3～4个环节。

第一个环节是熟悉课文，采用的方式是读课文或者听课文。读课文至少有五种方式：教师教读，学生齐读；教师带着学生齐读；学生齐读；学生分组朗读；学生个别朗读。听课文至少有两种方式：学生听教师朗读；学生听录音。教师应该根据实际情况选取几种方式进行操练，一般从上述方式中选择2～4种进行训练，因为学生一般需要学习课文2～4遍之后才能熟悉课文。教师带着学生读和学生齐读这两种方式比较节省时间，学生的参与度也比较强，值得推荐。

第二个环节是就课文内容的提问环节。让学生回答课文内容问题，是对学生熟悉课文程度的检验，同时也是在为后边的复述课文做准备。问题设计要讲究技巧，要聚焦于语言形式而不是内容。引导学生理解文意固然重要，促使学生使用刚学过的生词或语法点回答问题则更加有用，因为问答本质上是进行语言训练。

第三个环节是师生复述课文。可以由教师先带着全体学生复述，然后再由学生集体复述，最后让学生个别复述。这样，由易到难，层层推进，学生往往不会感到特别困难。为什么要让学生复述课文呢？第一，如果学生能够复述课文，就说明学生对课文内容已经比较熟悉。第二，复述本身也是一种表达训练。熟悉课文和进行表达训练是任何课文教学都应该达到的基本要求。也就是说，如果初级阶段学生不能把课文复述出来，那就说明教师没有把课文讲透，课文教学没有能达到相应的教学目标。有的教师在教课文的时候仅满足于学生能回答出几个课文中的问题，所以只读一两遍课文、问几个问题就了事儿了，这是非常糟糕的。初级阶段综合课课文教学的最低要求是让学生能复述课文。当然，复述课文要建立在对课文很熟悉的基础上，如果没有前两个环节，第三个环节是无法顺利开展的。

一般情况下，当学生可以复述课文时，课文学习阶段便可以结束了。但如果还有时间，或者教师还想有更高的要求，那么，可以要求学生在复述之后进一步开展创造性表达的练习。

第四个环节是模仿和创造性表达。这一环节要求学生能在教师给出的语境下进行模仿表达和创造性表达。模仿表达可以完全模仿，也可以稍加变化。比如，课文是去市场买水果，学生也模仿买水果，但其中的字词、句子顺序都可以有所变化。创造性表达又分为两种：创造性交际和改写。创造性交际是与课文有较大不同的模仿，如同样是去市场买水果的课文，创造性模仿可以是去商场买衣服、去餐馆买饭、网上购物等。改写则是把对话用第三人称改写成一段话。创造性表达是我们要努力追求的更高目标。

总之，熟悉课文、提问、复述、创造性表达这些环节，难度依次加大，教师应该带着学生一步一步地提升，难度上不能跨度太大。

②中、高级阶段的课文教学。中、高级阶段的课文教学大体上应该包括三个环节：一是熟悉课文；二是理解课文；三是表达课文。

第一个环节是熟悉课文。与初级阶段不同，中、高级阶段的课文往往比较长，因此无法像初级阶段那样采用多次听读课文的方式熟悉课文，而只能采用“课前预习多遍＋课上朗读一遍”的方式熟悉课文。要让学生养成课前预习的习惯，因为只靠课上朗读的方式无法保证学生充分熟悉课文。

第二个环节是理解课文。待学生熟悉课文之后，教师可以通过讲解或提问的方式逐段推进课文的学习。当然，具体要采用讲解的方式还是提问的方式，教师要视具体情况而定。一般来说，对于那些比较简单的内容，教师可以通过提问的方式加以推进；对于那些相对比较难或特别重要的部分，教师则应该进行一些讲解。

课文的讲解或提问，应注意宏观与微观相结合，宏观指的是整篇课文的主要内容、结构关系和衔接方式；微观指的是课文的细节，既包括内容上的，又包括微观上的词语选择、关联词语的使用等。需要说明的是，宏观与微观相结合并不意味着教师要面面俱到、平均用力，而是应该有所侧重、有所选择：一般来说，教师应该选择语言点（生词、语法等）比较集中的段落和篇章衔接手段比较典型的段落进行更详细的分析。

第三个环节是表达课文。中、高级阶段特别重视培养学生的篇章表达能力，所以在进行课文学习时，常进行三类练习：一是就课文中比较重要的段落进行复述；二是使用课文中出现的衔接、连贯手段进行成段表达；三是改写或缩写课文。中、高级阶段复述课文可采取“缺损复述”的方式。所谓缺损复述，是指将一段话中的某些部分删除或遮盖，要求学生根据其余部分将全部内容复述出来。待学生能够做到这一步之后，教师可以将这些被删除或遮盖的部分呈现出来，将其余部分删除或遮盖，采用同样的方式让学生把全部内容复述出来。最终，教师可以把全部内容都删除或遮盖，让学生在没有提示信息的条件下将全部内容复述出来。这样就可以由易到难，一步一步地引导学生完成复述任务。

使用课文中出现的衔接、连贯手段进行成段表达可看作是一种仿写的形式。在教学过程中，教师可通过提供情境的形式引导学生完成该仿写任务。而改写或缩写课文是有一定难度的学习任务。教师可通过先带着学生集体完成，再由学生自己完成的方式来协助学生完成此任务。

总之，中、高级阶段的课文教学通过熟悉课文、理解课文和表达课文等环节，培养学生口语和书面的篇章表达能力。由于中、高级阶段学生输出的口语也是偏书面化的，因而该阶段课文教学的核心目标是培养学生书面语篇章表达能力。

(4)综合课的练习教学环节

很多教材附有大量的课后练习。做练习时要有效率，不要浪费太多时间。为此，教师应该做到以下几点：一是要有所取舍，有的练习讲，有的练习可以不讲；二是有一些练习可以让学生在课前提前完成，这样上课的时候效率会比较高，不至于占用太多课堂时间；三是教师在准备练习题提问的时候要讲求技巧，要根据学生的语言水平和课堂反应来选取适当的学生回答问题。

(二)口语课的教学环节

口语课教学和综合课教学相比，不同点主要有两方面：第一，定位不同。口语课是专项技能课，主要训练“说”的技能，听、读、写可以少练或者不练；而综合课则要对各种技能（听、说、读、写）都进行训练。第二，教学内容不同。综合课要详细学习词汇、语法、课文等内容（包括讲解和练习）；而口语课上可以没有生词讲解，也可以没有语法点讲解，但是一般都要有大量的词语练习和语法点练习。口语课的课文学习环节与综合课差别不是特别大，区别只在于口语课更强调“说”，而综合课可能还要有一些“读”和“写”的环节。总体而言，口语课就是要聚焦于“说”的技能的形成，与之关联度不高的就应尽量少做，甚至不做，整个教学过程的主体部分就应该是表达训练。

口语课的教学环节在不同阶段有所不同。首先，初级（起步）阶段的口语课教学主要练习发音和基本的对话。其基本教学环节是先进行发音练习，然后进行对话训练。其次，初级（起步后）阶段口语教学的第一个环节是检查生词（需要说明的是，由于口语课是专项技能训练课，其主要教学任务是培养学生的口语交际能力，课堂时间应主要用于口头表达训练。因此，教师不应花费太多时间用于生词讲解。这种情况下，我们通常采用学生课前预习、教师课堂检查的方式处理生词），接着适当讲解学生在自学生词中遇到的难点，但要控制好时间，最好能控制在几分钟之内；第二个环节是学习课文，教师带着学生学习课文，包括读课文、理解课文、回答问题，进而复述课文，最后进行模仿交际练习或成段表达。最后，对于中、高级阶段的学生，教师主要是带着学生学习范文，展开成段表达练习，形式包括个人报告、讨论、辩论等。

（三）阅读课的教学环节

阅读课大致可以分为三种类型，下面将结合不同教材介绍各自的教学环节。

1. 精泛读相结合的阅读课

有些教材的主体部分包含一篇精读课文和一至几篇泛读课文，属于精读加泛读模式。其中精读课文部分设置的内容主要有课文正文、生词表、练习题，泛读课文部分设置的有课文正文和练习题。这类教材以北京语言大学出版社出版的《汉语阅读教程》为代表。

精读课文部分通常要读三遍。第一遍可以模拟真实考试的阅读场景，要求学生限制时间进行阅读，速度不能太快也不能太慢。例如，八百字的文章给学生4～5分钟的阅读时间。通常要求学生默读课文，并且不看生词表。不让学生看生词表[①]，是为了训练学生猜词、跳障碍的能力。猜词、跳障碍的能力是阅读能力的重要组成部分。学生读完课文后，教师可以向学生提几个相对简单的问题，可以是宏观性问题，比如文章的总体情感倾向、基本意思等；也可以是细节性问题，比如课文中出现的一些词语的意思（即猜测词义）等，细节性问题通常能在课文中找到直接对应的原文。第二遍可以给学生比较充裕的时间来详细阅读课文，学生可以看生词表，并与自己猜测的词义进行对照。学生完成第二遍阅读之后，教师可以问学生一些比较难的问题，比如一些推理性问题或一些需要学生深入理解课文之后才能回答的问题。在第二遍阅读后，教师要与学生有更多的讨论，教学生如何根据文章内容进行推理思考。第三遍要求学生快速略读课文。在前两遍阅读后对课文有一定了解的基础上，第三遍阅读时要求学生进行限时快速略读，比如五分钟能读完的课文压缩到一至两分钟，这一遍主要强化学生对课文内容的了解，更重要的是培养学生略读课文的技能。学生略读完成后，教师可以提一些答案不一定在课文内但与课文内容相关的开放性问题。

泛读课文部分，教师应特别注意限制学生阅读的时间，以培养其快速阅读的能力。快速阅读课文之后，要求学生在规定时间内完成课后练习。泛读课文通常只阅读一遍。多进行泛读训练对学生应对考试有很大的帮助。

2.以阅读技能训练为主要内容的阅读课

有些教材是以阅读技能训练为核心的，这类教材以徐霄鹰、周小兵编撰，北京大学出版社出版的《中级汉语阅读教程Ⅱ》为代表。这类教材的内容主要有两部分：一部分为阅读技能介绍，另一部分是阅读题。用这样的教材，就需要先讲阅读技能，然后再进行阅读练习。其中，最重要的阅读技能就是猜

---

① 事实上，阅读课不仅不要让学生提前看生词表，甚至也不应让学生提前预习课文。因为如果提前预习了，那么猜词、跳障碍环节就无法进行了。

词、跳障碍的技能，包括根据字形猜测字义、根据词中的一个语素猜测词义、根据上下文语境猜词义等。除此之外，重要的阅读技能还有把握阅读材料重点的能力、归纳大意的能力、又快又准寻找答案的能力等。教师要让学生学会这些阅读技能，能够在阅读实践中运用这些技能。这类教材中包含了大量的阅读材料，阅读练习的设置类似于 HSK 考试试题。进行阅读练习时教师要限制学生的阅读时间，比如四百字左右的文章要求 2 分钟内读完，然后完成课后练习。这类教材主要针对应试设置，对提升阅读技能有很大的帮助。

3. 报刊阅读课

报刊阅读课不仅可以训练学生的阅读能力，还可以让学生了解新闻报道内容和新闻语体特点。代表教材如彭瑞情等编撰、北京语言大学出版社出版的《报刊阅读教程》。报刊阅读课教学环节的安排一般是先讲生词再讲课文。语言点一般为新闻体结构和报刊常见的表达方式，通常在课文学习中讲解。

开设报刊阅读课的目的有两个：一是让学生掌握报刊类文章常用的结构和模式，了解新闻语体；二是培养学生阅读报刊的能力，使其能够通过阅读报刊了解中国时事。不过，由于教材的滞后性，报刊的内容大多是过时的新闻，再加上报刊阅读中的新闻体语言形式在日常生活中很少用到，所以很多学生对之提不起兴趣。鉴于此，教师应有意识地补充一些辅助性的阅读材料，这些材料应该是学生感兴趣的、难度合适的、内容较新的新闻报道。

（四）听力课的教学环节

听力课是以培养学生听的技能为主要目标的课程。该课程主要通过大量的听力实践来培养学生良好的“听”的习惯和技能。我们把听力课分为听前、听时和听后三个环节。

1. 听前

听前这个教学环节主要用途是用来做一些准备工作。听前准备有广义和狭义之分。广义上包括引导学生进入上课状态，即导入环节，还包括听辨前的听力技巧讲解环节。我们在此均不做详细叙述。

狭义上的听前准备工作，首先是指在正式听之前处理听力材料中比较困难的语言点。听力教材的编排多种多样，有的教材在听力题前会有几个生词；有的教材没有生词，一开始就是各种练习题，就像英语考试听力试卷。不管有没有生词，教师都要在备课时对听力材料进行分析，找出其中超出学生现有水平的语言点，并在正式听力训练前解决这些语言点。

需要提前解决哪些语言点呢？首先是生词。生词是影响听力质量的关键因素。从输入角度看，学生的汉语词汇量可以分为阅读词汇量和听力词汇量两种，后者通常小于前者。一般情况下，听力训练时学生能够忍受的生词量也要小于阅读训练时能忍受的生词量。之所以这样，是因为阅读训练的时间相对宽裕，阅读时可以重读、回读，还能根据汉字形体猜测词义，而听力训练时则没有上述有利条件。在听力训练中，学生如果从来没有学过某个生词，那么就可能会因之影响相邻部分的听辨，进而影响学生对全篇内容的理解，所以，教师通常要在正式的听力训练开始前帮助学生认识这些生词。

其次是文化背景。文化和语言密不可分，语篇都离不开具体的文化背景。笔者①曾在天津带越南籍的博士同学听相声，这名同学的汉语水平很高，然而整个过程他却很少发笑。散场后，笔者②跟他聊天，他说他基本能听懂，但有些地方不清楚观众为什么发笑。究其原因，还是因为他无法理解该相声背后的文化因素。所以，听力材料的文化背景（特别是比较复杂的文化因素）最好让学生在听力训练前提前了解。

为什么不把上述内容放到听辨阶段一起解决呢？这是因为如果所有的难点都放到一起，就超出了学生“最近发展区”。有些问题如果通过努力也解决不了，人们就倾向于放弃。因此，在听辨训练前分解难点是合适的做法。

当然，狭义上的听前准备工作还包括指导学生提前阅读听力题目并预测听力内容。这有助于学生提高听辨效率，并为学生接下来完成听辨作业做好准备。

---

①②此处的“笔者”指本书的第二作者。

2. 听时

听前准备结束以后，课堂教学就进入了正式的听辨训练环节。在这个环节，可以以听为主，在每段听力之间，应同时穿插教师的讲解和少量的学生口头表达。之所以要辅以教师的讲解，是因为没有教师的讲解，学生可能无法真正理解所听辨的内容并完成相关练习。而安排少量的学生口头表达训练有两个好处：一是听、说其实是可以互相促进的，说的训练能强化听的效果；二是可以在一定程度上消解持续的听力训练所带来的枯燥感。

在听力训练中，要注意做到以下几点：

首先，学生要认真听辨。听力课是一门需要注意力高度集中的课程，学生哪怕只有一点点走神就可能错过语篇的关键部分。教师需要保证学生拥有安静的课堂环境，听力训练开始后教师不应该到处走动。

其次，学生要学会运用听力技巧。教师要提前向学生讲解听力技巧，包括猜词、跳障碍等。听力课上，学生无法根据字形来猜词，只能根据上下文语境及说话人的语气、语调来猜；要让学生学会合理分配注意力，不要企图听清楚每一个音。事实上，我们正常人在进行交际的时候也不可能把每个音都听得很清楚；通常情况下，我们只是听到了关键的几个音、几个词，然后就能猜测出来说话人要表达什么意思。所以，我们要教会学生合理分配注意力，根据听到的音来猜测整句的语义。

再次，学生要做简单的笔记，教师要引导学生学会抓关键信息。俗话说，"好记性不如烂笔头"，这就是说，做笔记对于掌握信息非常重要。在教学实践中，听力材料对学生来说往往有一定的难度，学生听的时候会高度紧张，如果不及时记录，常常会前听后忘，为此，教师应强调笔记的重要性，同时还要教会学生做笔记的技巧。需要说明的是，由于语音转瞬即逝，学生不能腾出太多的精力来记笔记，所以，笔记必须非常简单，记录得越快越好。为此，这些笔记常常表现为一些只有记录者自己才能认识的符号，但这没有关系，只要能够对记录者有提示作用就可以了。同时，由于听力教学中学生能够用于记录笔记的时间非常有限，所以不能什么东西都记录，应该把有限的时间用于记录重点信息上。也正因为此，教师应引导学生学会抓关键信息。哪些是重点？一般来说，第一段、最后一段是重点，一段话中的第一句和最后一句是重点，一个句子中末尾的部分是重点，人名、地名、数字是重点，重音所在的位置是重点，关联词语是重点……教师应该有意识地引导学生把精力分配到这些重点信息上来，用最简单的符号记录下这些最重要的信息。

最后，听力课上还可以采用一些其他的特殊教学技巧。听力课需要进行大量的机械训练，所以常常会让学生感到无聊，因此教师应有意识地采取一些措施对课堂气氛进行调节。比如，在听的时候，穿插一些“说”的练习，或者在学生疲惫的时候，插入短暂的唱歌或做游戏环节。

此外，听力课堂上常常会出现这样的情况：教师让学生从 ABCD 四个选项中选出一个正确答案，如果学生齐声回答，那么，就难免会有学生滥竽充数。笔者以前在给学生上听力课的时候，为防止出现这种情况，就要求学生用手势来进行回答：一个手指头表示“A”，两个手指头表示“B”，以此类推。这样做，不仅可以防止学生滥竽充数，还可以“迫使”学生集中注意力——因为伸不同数量的手指需要注意力比较集中才能完成。当然，这是带有鲜明个人色彩的教学技巧，仅供读者们参考。

3. 听后

听力完成以后，教师可引导学生复习、巩固新学习的内容，比如词语的复习可以帮助学生掌握听过的生词，有利于学生听力水平的提高。再如，随着情景一起复习文化知识，有助于学生深入了解文化知识。教师还要引导学生及时总结听力技巧，把听力技巧转化为学生自身的听力能力，不断提升学生的听力水平。

（五）写作课的教学环节

学生完成一次完整的写作训练，需要经过三个主要的环节：一是范文学习，二是写作练习，三是作文点评。不过写作课上“作文点评”环节是点评上一次的作业，通常放在这个课时的前端。因此，每节写作课的实际顺序是“作文点评—范文学习—写作练习”。本部分仍按照前一种顺序来探讨写作课三个主要的教学环节。

1. **范文学习**

范文学习是写作课的基础环节。学生每次写作都要有模仿的对象，这样才不至于毫无目的地乱写。范文是学生写作的摹本，通常是一篇经过精挑细选的作品。

分析范文的时候，教师应把重点放在分析范文的语言形式上，包括分析范文的结构、衔接连贯手段及其中的好词、好句等。在分析范文的过程中，教师可让学生进行一些零星的模仿练习。比如，可以组织学生使用范文中出现的好词、好句进行模仿造句等，这样可以为接下来的篇章写作做好准备。

需要说明的是，有些教材会在范文前设置有关写作知识(包括修辞手法、篇章衔接连贯手段的介绍等)介绍的内容，这些内容能为师生分析范文提供理论指导，可看作是广义上的范文学习内容。

2. **写作练习**

范文学习环节完成之后，写作课就进入了写作练习环节。在这一环节，学生要根据其在范文中学到的知识进行篇章表达(写作)练习。

写作练习可以有很多种形式，简单的写作练习形式包括造句、连词成句、看图说话、模拟场景写出交际双方的会话过程等，复杂的写作练习形式就是写一篇文章，文章内容可以描述一个人、叙述一件事，也可以论证一个道理。写作练习时，教师一定要给学生提出明确的要求，比如，可以明确要求学生在写作过程中用上某些词语、表达形式，或者采用某种结构方式。

3. **作文点评**

与综合课的教学环节不同，写作课的一个特色环节就是点评。点评是对学生写作表现的评价和反馈。作文点评环节一般要放在下一次课的前端进行。

点评的时候应以鼓励为主。学生做得好的地方要指出来；学生做得不好的地方也要点评，但要注意保护学生的自尊心。表扬的时候可以把学生的姓名公开，而指出问题的时候，通常不说出学生的姓名。

教师点评的内容主要有三个方面：文章的结构是否合理；文章的衔接连贯方式是否恰当；文章的用词丰富不丰富、美不美。点评外国学生的作文和点评我国学生的作文应有所区别：点评我国学生的作文，可以更关注文章的内容、思想和叙述方式等；而点评外国学生的作文，则应更关注文章的语言形式，包括文章段与段、句与句之间的逻辑关系是否清楚，过渡合不合理，其中的词汇、语法是否复杂、正确，等等。

以上是写作课的教学环节。目前汉语作为第二语言教学实践中，写作课所占的比重不是很大，但它对于提升学生的汉语水平却十分重要，特别是到了中、高级阶段之后，为了锻炼学生的篇章表达能力，写作训练就显得格外重要。

本章小结

本章的内容分为三部分：教学环节的总体讨论、基本教学环节、各课型的教学环节。总的来说，教学包括备课、导入、讲授、练习、总结、作业布置和教学反思等多个环节。其中，讲授和练习是核心环节，其他是非核心环节。不同课型的非核心教学环节差别不大，而核心教学环节却有较大差异。本章第二部分讨论了这些基本教学环节。第三部分对各课型教学环节进行讨论，目的是为了让读者详细了解各门课的教学环节如何开展，希望汉语教师们能在教学实践中从容地应对各种课型，取得良好的教学效果。

第八章　汉语作为第二语言教学的教学行为

教学行为是指为了完成特定教学任务所采取的具体行动。广义上的教学行为既包括教师“教”的行为，也包括学生“学”的行为；狭义上的教学行为主要指教师“教”的行为。不同类型的教学行为的重要性是不同的，比如，相对于领读，提问是更重要的教学行为。

教学行为和教学环节不同，教学环节出现的顺序基本上是固定的，而教学行为则没有顺序的限制。比如，“导入”只能出现在教学过程的最前端；而“提问”既可以出现在导入部分，也可以出现在学生操练部分。本节只讨论教学过程中几种比较重要的教学行为。

一、提问

提问是整个教学过程中一种极为重要的教学行为。通过提问，教师可以有效推动教学环节的进展。优秀的教师总是能够提出合适的问题，不够优秀的教师提出的问题可能会有这样那样的瑕疵。是否能进行合适的提问，是判断一名教师是否足够优秀的重要指标。

（一）提问的作用

通过提问，教师可以了解学情，特别是了解学生对课堂教学内容掌握的程度。教学过程离不开对教学效果的监测。有了监测，教师才能及时、有针对地解决教学中发现的问题；没有监测，教学就很难做到有针对性，有时甚至会迷失方向。监测教学效果可以通过考试的方式进行，但是考试需要花费大量的时间，所以不适合经常使用。巧妙利用提问来了解学生对所学知识的掌握程度，是一种经济、高效的教学行为。

提问可以帮助学生集中注意力。教师讲授知识时，师生之间的关系相对松散，学生可能会走神；但当教师提问学生时，师生之间的关系就变得非常紧密了，学生的注意力会迅速集中到课堂上来。有些教师会为了提醒走神的学生而提问，这种提醒行为可以看作一种课堂管理行为。

提问还可以作为推进教学环节的一种手段，这种方法可以称为“提问推进法”。知识点必须一个接一个地展示，怎么将这些知识点串到一起呢？我们可以通过提问来连接知识点——旧知识讲完后，可以用提问来引出新的知识点。这种情况下的提问可以看作是一种教学组织行为。

提问可以为学生创造语言练习的机会。学生回答问题实际上是一种语言练习，我们要通过提问来为学生创造一个个练习机会。仅从创造练习机会的角度看，教师就应该经常提问学生。从机会均等的角度看，应该多让学生集体回答问题，这样更能照顾到所有学生。

(二)怎么提问

1. 要设计好问题

首先，要注意问题的难度。要从全体学生的水平着眼，多设计中等偏下水平学生可以回答的问题，这样可以保证大部分学生有能力参与到回答问题的环节中来。要从问题本身着眼，多设计学生稍加思考后就能够回答的问题。如果问题太难，可能会打击学生的积极性，也无法起到检测学习效果的作用[①]。比如教师在写字课上问学生“你喜欢中国书法吗”，有些学生会无从回答，因为他们可能从来没听过“中国书法”这样的概念，不知道该怎么回答。另外，提问的时候教师要对学生是否能够回答出问题有一个预判。除非老师想惩罚学生[②]或者有其他特殊目的，否则最好不要提学生无论怎么努力都无法回答的问题。

---

① 当然，这么说并不意味着教师不能提难度较大的问题(在某些环节，提一些难度较大的问题是非常有必要的)，而是说，为了及时了解学生学习的效果、有效推进教学环节，教师提出的大部分问题应该是学生稍做努力后能够完成的问题。

② 原则上，老师不应惩罚学生，尤其不能随意惩罚学生。

其次，设计的问题应该为学习知识点服务。提问问题的答案应该与正在学习的知识点相关——当学生回答问题时，能够刚好运用到刚刚学到的知识或技能。比如，在一次教学中，学生刚刚学过“洗耳恭听”这个成语，这时有学生开始发言，老师就可以问：“某某正在发言，我们大家应该……？”学生回答：“洗耳恭听。”

2. 要选择提问的类型

提问可以分成不同的类型。有的提问是封闭性提问，一般只有一个客观答案；有的提问是开放性提问，没有一个客观答案。这两类问题也被称作展示性问题和参考性问题。

在教学实践中，展示性问题是教师在提问前就已经知道具体答案的问题。教师提问目的是通过让学生展示答案而获得练习巩固的机会。这类问题的答案可以为“是”或“不是”；还可以是较为确定的答案，比如针对课文中某一具体信息的提问。参考性问题往往就是那种比较开放的，没有一个明确、固定答案的问题，教师进行提问的目的是想让学生就自己的想法进行表达。

展示性问题多是一些简单的问题，学生大多已经学过相关知识。提问这种问题时不能给学生太长时间，要让学生快速回忆出所学的内容。参考性问题多是稍微复杂一点的问题，需要给学生较长的时间。

教学过程中到底使用哪种类型的问题，要看实际情况。在语言教学中，我们通常会提比较多的展示性问题。

3. 要注意技巧

先提问还是先点名？一般情况下，教师应该先提问题后点名。因为这样可以促使全体学生积极思考。先点名后提问题会给被提问学生造成心理压力，同时可能导致其他学生因为知道自己不需要回答问题而有所放松，不再认真听讲。

提问后应留给学生多长的思考时间？时间短了，学生思考不充分，无法完成回答;时间长了,浪费时间,影响课堂节奏和进度。总体而言,提问时给学生思考时间的长短应取决于问题的难度和学生回答问题的能力。

问个别学生还是全体学生?我们认为,应以问全体学生为主、问个别学生为辅。因为如果只提问个别学生,那么其他学生的课堂参与度就会比较低,整个课堂的效率就也会很低。不要只问某一个或某几个学生。有的教师喜欢某些学生,就总是提问某几个学生;有的教师为了更快地推进教学进程,就专门提问学习成绩最好的几个学生,这样容易掩盖大部分学生都回答不出来的事实,这些做法都是不合适的。

二、组织教学

组织教学包含课堂教学组织与课堂管理两部分内容,本书讨论的重点不在课堂管理,故此处着重介绍课堂教学组织,即教师如何把教学内容按照预定的计划推进下去。教师要想顺利地组织教学,需要注意以下几点。

(一)提前做好预案,有序推进教学

教师需要提前做好教学设计,安排好先讲什么、后讲什么,中间需要什么样的过渡。如果两个环节直接切换,就显得很生硬,效果不好。比较合理的做法是:在每个环节之间有一个过渡。过渡应该巧妙、合理。为了能将上一个教学环节推进到下一个教学环节,教师有时可以通过提问引出接下来的内容。这就是前面提到的"提问推进法"。当然,提问并非推进教学环节的唯一方法。

(二)吸引学生参与课堂

要让学生参与课堂,理论上有两种方式:一是吸引学生,二是强迫学生。第二种方式虽然不是说不可以采用,但是要尽量少用;即便使用,也一定要注意方式,不能做得太生硬。更多的时候教师要采用第一种方式,即想尽各种办法来吸引学生参与课堂。为了吸引学生参与课堂,教师应选择学生感兴趣的教学内容和教学方法。

（三）多给学生提供参与课堂的机会

教师不能总是让学生被动地接受信息，当学生总是忙于接受信息时，大脑常常处于被抑制的状态，容易走神，课堂参与深度不够。如果能够让学生从单纯的听转变为既听又说，毫无疑问会极大地提高学生的课堂参与度。举个例子：某教师想培养学生的口语能力，就让学生进行成段表达练习，但他采取的策略是让学生逐一发言，这样的教学过程看似学生们一直在说话，实际上整个课堂的参与度不高。因为在单位时间内只有一个学生在说话，其他学生可能在听，也可能没听，那么他们的课堂参与度就相对比较低。但如果组织一些活动，比如课堂辩论，就可以调动尽量多的学生参与到课堂中来。因为辩论带有竞争性质，要求成员之间紧密合作，所以在这种情况下，学生受到各种力量的驱使，就会比较认真地参与进来，会认真地听，也会积极地说，这样学生的课堂参与度就会比较高。

最后笔者以自己在课堂教学研究中发现的一个案例来介绍提高课堂参与度的技巧。笔者曾经听过北京师范大学一位教师上的高级口语课，主讲内容是“科技进步利大于弊还是弊大于利?”该课讨论科技进步给我们的生活带来的影响。讲完之后，她组织了一次课堂辩论，一个班的学生分成两组，一组认为科技进步利大于弊，另一组学生则认为弊大于利，两组学生进行辩论。在辩论之前教师就做了很好的组织：一是要求大家一定要注意礼貌，不能有人身攻击行为；二是要求学生一定要尽量用上这一课刚学到的知识。结果在辩论的过程中，有一个学生说到“尊敬的对方辩友……”，这位教师马上打断了这个学生的话，对其他学生说道：“你们听，刚才她说‘尊敬的对方辩友’，你们……”这是一个非常巧妙的教学组织行为：本来正在发言的那个学生是整个课堂中课堂参与度最高的（因为发言的时候，发言学生的情绪、心理、思想、行为等都被调动起来了，所以她深度参与到课堂活动中了），但与此同时，其他学生的课堂参与度却很低（其他学生只是在听发言学生发言，认真的学生会听，不认真的学生不一定会听）。从整个班级的角度来说，这时候整个班级的学生参与度并不高，课堂交际容量也不大。但是这个时候教师打断了学生的发言，并提醒其他学生注意发言学生所说的话。需要注意的是，这位老师用第二人称“你们”来指称其他学生，实际上是强制性地把其他学生变成了直接的交际对象，那么这些学生肯定会投入更多的注意力，于是，他们的课堂参与度就得到了大幅提升。当然，老师这么做付出的代价是，刚才正在说话的学生变成了交际的第三方（老师口中的“她”），她的课堂参与度会略微有所降低，但这样的付出是值得的：更多的学生的课堂参与度得到了显著提高。总之，这是一种非常妙的课堂组织行为。事实上，这个教学行为的“妙”还不止于此，还在于这样的教学行为让学生关注到了话语表达形式“对方辩友”——“对方辩友”实际上是这一课要特别注意的一个语言点，该语言点要求学生学会在辩论的时候尊重对手并进行礼貌的表达。通过打断的方式突出了这一语言点，这既是对语言形式的关注，又提高了学生的课堂参与度，是一个非常成功的案例。

三、答疑

学生在学习的过程中，难免会遇到困难。此时，有些学生会寻求老师的帮助，向老师提出问题，那么这时候，教师就需要对学生进行答疑了。

答疑可分为两种情况：第一种情况是学生在上课过程中突然提出问题，留给老师思考的时间非常有限；另一种情况是学生在课余或其他非上课时间通过发信息等方式提问，这种情况下教师可以有比较充裕的思考和查找资料的时间。第二种情况对教师的挑战不大，我们重点讨论第一种情况。

当教师在上课时遇到学生突然提问，教师应该迅速做出判断，看自己有没有可能在短时间内做出回答。如果问题很简单，可以直接回答，那么就马上回答；如果需要进行一些思考才能做出回答，那么就认真思考，争取尽快、顺利地回答；如果没办法在短时间内回答，那么，就要实事求是地告诉学生“这个问题我还没有想清楚，下课之后我查一下资料，晚些时候给你回复”。

这里需要强调的是，不会的问题一定不能随便讲，晚些时候回复比说错要好得多。因为说错不仅会误导学生，还会损害教师自身的形象和威信，会对师生都造成很不好的影响。

对于那些需要通过思考才能回答的问题，教师应该充分调动自己的语言本体知识、语言研究能力、临场应变能力等综合能力予以妥善处理。下面以笔者的一次亲身经历进行解释。笔者曾讲过一次公开课，课上有学生突然提问："老师，'开口'和'张口'有什么区别？"说实话，笔者并没有预料到学生会问这样的问题，事前也未思考过相关问题。因此，这个问题是个真实的挑战。笔者非常迅速地判断自己能不能短时间内做出解答，结论是可能可以。于是，笔者在很短的时间内在脑海里思考了一下相关问题："开口"和"张口"分别用在什么场合中？二者能否相互替换？如果能替换，替换的条件是什么？它们之间的差异有哪些？可以用什么例句来对二者的异同进行展示和说明？等等。在这个过程中，笔者将"张口"和"开口"这两个词写在黑板上。这样做，一来是为了更好地向学生展示这两个词并为下一步辨析做好准备，二来是为了给自己多争取一点思考的时间。写好后，笔者开始讲解这二者的异同："'开口'的意思更接近于'说话'，而'张口'则表示一个动作，意思是'张开嘴巴'。我们可以说'请张口'，一般不说'请开口'；可以说'我等着你开口'，一般不说'我等着你张口'；可以说'张口结舌'，而不说'开口结舌'。"当然，这样的回答并不完美，但大体上能够满足学生课堂学习的需要。

总之，在汉语作为第二语言教学实践中，教师要想有效应对学生的提问，不仅要提前备好课，具备一定的语言研究能力，还要懂得一些课堂应答技巧，这样才能做好答疑工作。

四、纠错

对于"要不要纠错"这个问题，不同的教学法流派有不同的看法。有一些教学法流派倡导有错必纠，比如语法-翻译法、听说法等；有一些教学法流派，比如交际法、自然法等，对偏误的容忍度要高得多，不要求有错必纠。我们反对有错必纠，但也不同意过度容忍错误。以下几种情形下的错误是需要纠正的。

（一）需要纠正的错误的情形

1.学生弄错了刚刚学习的知识点

比如，学生们刚刚学习了“把”字句的用法，然后造出了“我变不热了，请关门把门”这样的句子。那么，教师就一定要纠错，将“请关门把门”改为“请把门关上”。对刚学习过的语言点进行纠错，可以起到强化学习效果的作用，能够加深学生的印象。至于“我变不热了”则可纠可不纠，如果一定要纠，则应该点到即止，不要花费太多时间。因为这并不是本课学习的新知识点；而且，如果两个偏误都花很多时间进行纠错，往往会模糊焦点，影响教学效果。

2.学生犯了较为严重的错误

如果是不影响理解的错误，则可以不纠。有些错误已经到了影响交际的程度了，那就必须要纠正了。例如，有学生发音严重不准，已经影响到听辨和理解了，就必须要纠正。

3.学生犯了规律性的错误

什么是规律性错误？就是某个学生总是犯的错误，或者很多人都会犯的错误。举例来说，如果很多学生都把第二声读成第一声，那么教师就一定要纠错。如果只是个别学生读错了某个词，则不一定要马上纠正。

总体而言，我们反对有错必纠，因为那样会打断上课进程，有时还会对学生表达的积极性造成打击。有些错误已经“石化”，即使纠错也几乎没什么用，这种情况就不适合纠得太多。另外，如果学生的错误太多，那么教师往往需要选择性纠错，不能总想着“毕其功于一役”，因为一来不可能实现，二来会耽误很多时间。不过，教师不光要判断需要纠正的错误，还要注意纠错的方式方法。

(二)纠错的注意事项

1. 纠错对象

纠错要因人而异。不同的学生对待教师纠错的心理承受能力是不一样的。有些学生比较内向,一纠错他就更加不敢说了。对于这些学生,教师就不能轻易纠错。纠错要以不伤害学生的自尊心为前提,为此,要注意采用学生能接受的方式进行纠错。

2. 纠错时机

纠错常常伴随着打断,而打断则可能破坏学生表达的流畅性,因此要注意纠错时机的选择。一般来说,如果纠错不需要打断学生很长时间,那么,从纠错时机选择的角度来说,是可以的;如果纠错要花较长时间,以至于会完全破坏学生表达的流畅性,那么,这样的纠错时机就是不太合适的,对于这种情况,我们建议,教师应先等学生完整地表达后再进行纠错;当然,如果学生表达中的错误很严重,那么教师还是应该及时纠错的。

3. 纠错方式

纠错有多种方式,有直接纠错(也就是显性纠错,即直接点名讲出学生的错误,告诉学生正确的表达),也有间接纠错(也就是隐性纠错,最常见的方式是当学生说错时,教师说出正确的形式,或当学生说得不准确时,教师说出准确的形式[①])。根据纠错实施人的不同,纠错还可以分为学生自我纠错、教师纠错、学生之间互相纠错等。这些纠错类型教师可以根据需要自行选用。

五、使用板书和多媒体

板书可以在讲授时使用,也可以在课堂总结时使用。它能够突出重点,帮助学生搞清楚知识之间的逻辑关系,促进学生的理解和识记。近年来,随

① 当教师给出正确形式的时候,学生一般都能马上明白自己说得不对或不准确,这时他就会重复教师所说的话。

着多媒体技术的发展，板书的使用量已经显著少于从前，但板书作为一种教学手段，如果教师善加利用，还是能够有效提升课堂教学效果的。一般来说，板书的基本要求是：整洁，美观；条理清晰；详略得当，重点突出。

至于多媒体的使用，需要注意的是：多媒体只是一种工具，工具是为人服务的，我们应该控制工具，而不能被工具所控制。新手教师在初登讲台时常会犯两种错误：一是整堂课都坐在电脑前操作电脑，只跟电脑对话，不与学生交流；二是多媒体上的信息特别详细，上课的时候照着多媒体念。这两种情况都是不好的，新手教师应该努力避免。总之，多媒体的使用可以让课堂变得丰富多彩，也可以把课堂变得沉闷单调，关键是教师如何正确使用它。

本章小结

本章讨论了提问、组织教学、答疑、纠错等教学行为。跟教学环节不同，教学行为是微观的，有时甚至是零碎的。教学行为是教学环节的组成部分，同一教学行为可以用于构建不同的教学环节。教学行为和教学技巧都是微观层面的，教学行为也体现着教学技巧。我们应该掌握各种教学行为的使用技巧，以便有效实施这些教学行为。

参考文献

[1] 北京大学外国留学生中国语文专修班.汉语教科书[M].北京:时代出版社,1959.

[2] 北京语言大学对外汉语研究中心.汉语国际教育“三教”问题:第六届对外汉语学术研讨会论文集[C].北京:外语教学与研究出版社,2010.

[3] 北京语言文化大学汉语水平考试中心.中国汉语水平考试大纲·基础[M].北京:现代出版社,1998.

[4] 陈昌来.对外汉语教学概论[M].上海:复旦大学出版社,2005.

[5] 程棠.对外汉语教学目的、原则、方法[M].北京:北京语言大学出版社,2008.

[6] 程棠.关于对外汉语教学目的的理论探索[J].世界汉语教学,1999(3):106-112.

[7] 程裕祯.新中国对外汉语教学发展史[M].北京:北京大学出版社,2005.

[8] 崔希亮.关于汉语国际教育的学科定位问题[J].世界汉语教学,2015(3):405-411.

[9] 崔永华.基础汉语阶段精读课课堂教学结构分析[J].世界汉语教学,1992(3):224-226.

[10] 邓梦琪.韩国协同模式中汉语教学技巧应用研究:以首尔新盘浦中学和凤源中学为例[D].长沙:湖南大学,2019.

[11] 丁倩倩.试论非语言行为在对外汉语课堂的运用[D].西安:陕西师范大学,2014.

[12] 谷芳.教师在对外汉语听力教学中的重要作用[J].现代交际,2020(7):197-198.

［13］关悦如.近二十年我国对外汉语听力教学研究综述［D］.大连：辽宁师范大学，2017.

［14］郭伏良，侯建国. 河北省汉语国际推广工作回顾与展望［J］. 河北大学学报（哲学社会科学版），2011，36（6）：83－86.

［15］郭灵云，尹平平. 谈在对外汉语口语课中培养学生的语言交际能力［J］.语文学刊，2008（19）：165－166.

［16］郭龙生.编写《汉语 800 字》的三点思考［J］.语言文字应用，2009（3）：113－119.

［17］郭睿.工具性和交际性是对外汉语教学的本质属性：再谈对外汉语教学的学科性质［J］.海外华文教育，2015（1）：45－51.

［18］国家对外汉语教学领导小组办公室汉语水平考试部.汉语水平词汇与汉字等级大纲［M］.北京：北京语言学院出版社，1992.

［19］国家对外汉语教学领导小组办公室教学业务处.对外汉语教学与教材研究论文集［C］.北京：华语教学出版社，2001.

［20］国家汉语水平考试委员会办公室.HSK 中国汉语水平考试大纲·初、中等［M］.北京：现代出版社，1989.

［21］国家汉语水平考试委员会办公室.HSK 中国汉语水平考试大纲·高等［M］.北京：北京语言学院出版社，1995.

［22］国家汉语水平考试委员会办公室.汉语水平词汇与汉字等级大纲［M］.北京：经济科学出版社，2001.

［23］国家语言文字工作委员会语言文字应用研究所.语言文字应用研究论文集［C］.北京：语文出版社，1995.

［24］何自然.语用学概论［M］.长沙：湖南教育出版社，1988.

［25］洪青皎.方兴未艾的对外汉语教学及汉语输出［J］.宁波教育学院学报，2005（3）：27－75.

［26］黄南松，孙德金.HSK 词语用法详解［M］.北京：北京语言文化大学出版社，2000.

[27] 黄晓颖.对外汉语有效教学研究[D].长春:东北师范大学,2011.

[28] 江莉.19—20世纪英国驻华使馆翻译学生的汉语学习[J].国际汉语教育,2011(3):117.

[29] 姜红.本地文化资源的利用与安徽对外汉语教学[J].安徽农业大学学报(社会科学版),2009(5):91-94.

[30] 姜丽萍.对外汉语教学论[M].北京:北京语言大学出版社,2008.

[31] 姜莉芳.居都仡佬语调查研究[D].北京:中央民族大学,2004.

[32] 金志军.汉语作为第二语言教学的初级听力教材编写研究[D].上海:华东师范大学,2006.

[33] 李凑,刘赣洪.翻转课堂教学模式应用的SWOT分析[J].中国教育技术装备,2013(3):88-89.

[34] 李大忠.外国人学汉语语法偏误分析[M].北京:北京语言文化大学出版社,1996.

[35] 李德永.微课在高中信息技术课堂中设计与应用的个案研究:以临沧市云县第一完全中学为例[D].昆明:云南师范大学,2016.

[36] 李航.《好棒儿童汉语》词汇编写研究[D].西安:西北大学,2019.

[37] 李培元.五六十年代对外汉语教学的主要特点[A].第二届国际汉语教学讨论会论文选[C].北京:北京语言学院出版社,1988.

[38] 李培元.中国对外汉语教学的40年[J].世界汉语教学,1989(3):129-136.

[39] 李泉.对外汉语教学理论思考[M].北京:教育科学出版社,2005.

[40] 李泉.汉语作为第二语言教学的教学理论研究[M].北京:商务印书馆,2019.

[41] 李泉.中国对外汉语教学七十年[J].语言战略研究,2019(4):49-59.

[42] 李向农.对外汉语与汉语国际教育:专业与学科之辩[J].湖北大学学报(哲学社会科学版),2011(4):25.

[43] 李晓琪.汉语作为第二语言教学的课程研究[M].北京:商务印书

馆,2019.

[44] 李晓琪.汉语作为第二语言教学的文化教学研究[M].北京:商务印书馆,2019.

[45] 李晓琪.论对外汉语虚词教学[J].世界汉语教学,1998(3):34-39.

[46] 李晓琪.中介语与汉语虚词教学[J].世界汉语教学,1995(4):63-69.

[47] 李晓琪等.汉语常用词用法词典[M].北京:北京大学出版社,1997.

[48] 李杨.对外汉语教学课程研究[M].北京:北京语言文化大学出版社,1997.

[49] 梁为.基于游戏的翻转课堂环境构建[J].教育信息技术,2013(4):12-15.

[50] 梁哲.历史智慧课堂的建构与实践[J].基础教育论坛,2021(4):2.

[51] 刘镰力.汉语 8000 词词典:HSK 中国汉语水平考试词汇大纲[M].北京:北京语言大学出版社,2000.

[52] 刘颂浩.对外汉语听力教学研究述评[J].世界汉语教学,2001(1):93-107.

[53] 刘珣,张旺熹,施家炜.对外汉语教学论文选评(1991—2004 第 2 集上)[C].北京:北京语言大学出版社,2008.

[54] 刘珣.对外汉语教育学引论[M].北京:北京语言大学出版社,2012.

[55] 刘珣.试论汉语作为第二语言教学的基本原则:兼论海内外汉语教学的学科建设[J].世界汉语教学,1997(1):69-78.

[56] 刘英林.汉语水平等级标准与语法等级大纲[M].北京:高等教育出版社,1996.

[57] 卢福波.汉语语法教学理论与方法[M].北京:北京大学出版社,2010.

[58] 鲁健骥.外国人学汉语的语法偏误分析[J].语言教学与研究,1994(1):49-64.

[59] 陆俭明,马真.汉语教师应有的素质与基本功[M].北京:外语教学与研究出版社,2016.

[60] 吕必松. 对外汉语教学发展概要[M]. 北京:北京语言学院出版社,1990.

[61] 吕必松. 对外汉语教学探索[M]. 北京:华语教学出版社,1987.

[62] 吕必松. 华语教学讲习[M]. 北京:北京语言学院出版社,1992.

[63] 吕必松. 语言教育与对外汉语教学[M]. 北京:外语教学与研究出版社,2005.

[64] 吕叔湘. 现代汉语八百词[M]. 北京:商务印书馆,1980.

[65] 马小莉. "翻转课堂"教学模式在高职英语中的教学设计研究[J]. 海外英语,2016(16):38-39.

[66] 潘文国. 论"对外汉语"的学科性[J]. 世界汉语教学,2004(1):11-19.

[67] 饶云波,邓建华;杰克逊. 翻转课堂在留学生"Android 应用编程"课程中的应用[J]. 实验科学与技术,2017(6):100-106.

[68] 邵敬敏. 汉语水平考试词典[M]. 上海:华东师范大学出版社,2000.

[69] 盛炎,沙砾. 对外汉语教学论文选评(第 1 集 1949—1990)[C]. 北京:北京语言学院出版社,1993.

[70] 盛炎. 语言教学原理[M]. 重庆:重庆出版社,2007.

[71] 孙德金. 对外汉语词汇及词汇教学研究[M]. 北京:商务印书馆,2006.

[72] 孙德金. 对外汉语教学研究论著索引(1950—2006)[M]. 北京:商务印书馆,2009.

[73] 孙德金. 对外汉语语法及语法教学研究[M]. 北京:商务印书馆,2006.

[74] 孙德金. 对外汉语语音及语音教学研究[M]. 北京:商务印书馆,2006.

[75] 孙德金. 对外汉字教学研究[M]. 北京:商务印书馆,2006.

[76] 孙德金. 论汉语作为第二语言教学学科的语言学本质[J]. 世界汉语教学,2015(3):412-422.

[77] 孙全洲. 现代汉语学习词典[M]. 上海:上海外语教育出版社,1995.

[78] 孙瑞,李丽虹. 论合作学习模式在对外汉语教学中的运用[J]. 云南师范大学学报(对外汉语教学与研究版),2007(2):66-69.

[79] 孙瑞,孟瑞森,文萱. "翻转课堂"教学模式在对外汉语教学中的应用[J].

语言教学与研究,2015(3):34－39.
[80] 孙瑞.交际能力理论与对外汉语口语教学[J].伊犁教育学院学报,2004(3):124－127.
[81] 孙文慧.语言测试的本质[J].英语广场(学术研究),2013(2):39－48.
[82] 唐智芳.文化视域下的对外汉语教学研究[D].长沙:湖南师范大学,2012.
[83] 陶健敏.汉英语作为第二语言的教学法体系对比研究[D].上海:华东师范大学,2007.
[84] 万业馨.欧洲汉语教学观察[J].国际汉语教育,2011(1):119.
[85] 王策三.教学论稿[M].北京:人民教育出版社,2005.
[86] 王建勤.第二语言习得研究[M].北京:商务印书馆,2009.
[87] 王建勤.汉语作为第二语言的习得研究[M].北京:北京语言文化大学出版社,1997.
[88] 王建勤.汉语作为第二语言的学习者习得过程研究[M].北京:商务印书馆,2006.
[89] 王建勤.汉语作为第二语言的学习者与汉语认知研究[M].北京:商务印书馆,2006.
[90] 王建勤.汉语作为第二语言的学习者语言系统研究[M].北京:商务印书馆,2006.
[91] 文秋芳."产出导向法"的中国特色[J].现代外语,2017(3):348－358.
[92] 文秋芳."产出导向法"与对外汉语教学[J].世界汉语教学,2018(3):387－400.
[93] 文秋芳.构建"产出导向法"理论体系[J].外语教学与研究,2015(4):547－558.
[94] 吴立岗.教学的原理、模式和活动[M].南宁:广西教育出版社,1998.
[95] 吴中伟.汉语语法与语法教学[M].北京:人民教育出版社,2020.
[96] 邢公畹.关于报刊选读课和听力课[J].世界汉语教学,1988(1):37－38.

[97] 徐晓菲.对外汉语语法教学浅议[D].哈尔滨:黑龙江大学,2001.

[98] 徐子亮,吴仁甫.实用对外汉语教学法[M].北京:北京大学出版社,2013.

[99] 许嘉璐.跨越时空,思考出路:重温古代圣贤[J].世界汉语教学学会通讯,2011(3):7-9.

[100] 许琳.汉语国际推广的形势和任务[J].世界汉语教学,2007(2):106-110.

[101] 许琳.许琳在第九届国际汉语教学研讨会开幕式上的讲话[A].第九届国际汉语教学研讨会论文选[C].2008:X-XII.

[102] 杨红芳.丽江地区汉语国际推广现状调查[D].昆明:云南师范大学,2015.

[103] 杨惠元.课堂教学理论与实践[M].北京:北京语言大学出版社,2007.

[104] 杨惠元.听力训练理论研究的回顾与展望[J].世界汉语教学,1997(2):82-85.

[105] 杨惠元.中国对外汉语听力教学的发展[J].世界汉语教学,1992(4):291-295.

[106] 杨玉玲,吴中伟.国际汉语语法与语法教学[M].北京:高等教育出版社,2013.

[107] 叶蜚声,徐通锵.语言学纲要[M].北京:北京大学出版社,1997.

[108] 袁博.对外汉语教材动词选用研究[D].长春:吉林大学,2007.

[109] 张德鑫.对外汉语教学五十年:世纪之交的回眸与思考[J],语言文字应用,2000(1):49-59.

[110] 张和生.汉语可以这样教·语言要素篇[M].北京:商务印书馆,2006.

[111] 张继桥,刘宝存.新中国成立七十年来高等教育对外开放政策的历史演进与基本经验[J].高等教育研究,2019(8):9-17.

[112] 张扬. 对外汉语口语课堂教师非言语行为传达艺术研究[D]. 济南:山东大学, 2011.

[113] 张玉竹.试论幼儿语言交际能力的培养[J].语文学刊,2009(24):146-154.

[114] 章婷,鹤谷千春.汉语二语语音韵律的听辨实验与教学研究[J].南京师范大学文学院学报,2013(4):165-172.

[115] 赵吉英.对培养汉语国际教育专业硕士的思考[D].广州:暨南大学,2010.

[116] 赵金铭.对外汉语教学的全方位探索:对外汉语研究学术讨论会论文集[C].北京:商务印书馆,2005.

[117] 赵金铭.对外汉语教学概论[M].北京:商务印书馆,2004.

[118] 赵金铭.对外汉语研究的跨学科探索:汉语学习与认知国际学术研讨会论文集[C].北京:北京语言大学出版社,2003.

[119] 赵金铭.汉语可以这样教·语言技能篇[M].北京:商务印书馆,2006.

[120] 郑桐.关于汉办赴泰汉语教师志愿者培训项目的探讨[D].西安;西安外国语大学,2017.

[121] 中国对外汉语教学学会汉语水平等级标准研究小组.汉语水平等级标准和等级大纲[M].北京:北京语言学院出版社,1988.

[122] 钟梫.十五年汉语教学总结[J].语言教学与研究(试刊),1979(4):143-171.

[123] 周小兵,朱其智,邓小宁,等.外国人学汉语语法偏误研究[M].北京:北京语言文化大学出版社,2007.

[124] 周小兵.对外汉语教学导论[M].北京:商务印书馆,2009.

[125] 周小兵.对外汉语教学入门[M].广州:中山大学出版社,2009.

[126] 周奕.略论对外汉语语音教学的“难点频现”原则[J].语言文字应用,2006(S2):3.

[127] 周祖谟.教非汉族学生学习汉语的一些问题[J].中国语文,1953(13):25.

[128] 朱红.新时期汉语的国际传播路径与范式考察[J].才智,2013(27):

289 - 291.

[129] 朱瑞平,冯丽萍.全国对外汉语教学与汉语国际教育基本信息调研报告[M].北京:中国社会科学出版社,2017.

[130] 朱瑞平,王命全.第十五届国际汉语教学学术研讨会论文集(汉语国际教育的跨学科发展研究)[C].北京:外语教学与研究出版社,2019.

[131] 朱文文,苏英霞,郭晓麟,等.国际汉语教学语法教学方法与技巧[M].北京:北京语言大学出版社,2015.

[132] 朱志平.作为应用语言学分支的对外汉语教学[J].北京师范大学学报(人文社会科学版),2000(6):105 - 109.

后　记

本书大部分内容基于笔者上课的讲稿整理而成；许光灿博士撰写了第七章的大部分内容并参与统稿工作；笔者的同事孟瑞森老师和笔者近几年指导过、教过的研究生谢婧怡、马剑春、蒋东立、冯若琪、李晓翠、娄冉冉、侯环、赵琪琪、罗柯、邹秋锦、杜浩、林晓媚等参与了讲稿录音的转写和文字校对工作，对他们的付出，笔者表示衷心的感谢。书稿最后的修改、审订工作由笔者本人完成。因为是讲稿，所以有不少内容是对学界现有研究结论的总结和借鉴，一些常识性知识（比如一些常规的教学方法和教学策略）的出处没有被一一标注，只在参考文献中列举了出来，在此一并致谢。

本书虽为"编著"，但其中不乏笔者的个人观点。有些观点是否正确，尚待实践检验和学界评论，在此呈献给各位读者，希望能得到大家的反馈。

孙瑞于广西大学碧云湖畔

2022 年 2 月 9 日